CONTEMPORARY GERMAN WRITERS

VOLKER BRAUN

Series Editor

Rhys W. Williams has been Professor of German and Head of the German Department at University of Wales, Swansea, since 1984. He has published extensively on the literature of German Expressionism and on the post-war novel. He is Director of the Centre for Contemporary German Literature at University of Wales, Swansea.

CONTEMPORARY GERMAN WRITERS
Series Editor: Rhys W. Williams

VOLKER BRAUN

edited by

Rolf Jucker

CARDIFF
UNIVERSITY OF WALES PRESS
1995

© The Contributors, 1995

British Library Cataloguing-in-Publication Data
A catalogue record for this book is available from the British Library.

ISBN 0-7083-1313-2

All rights reserved. No part of this book may be reproduced, stored in a retrieval system, or transmitted, in any form or by any means, electronic, mechanical, photocopying, recording or otherwise, without clearance from the University of Wales Press, 6 Gwennyth Street, Cardiff, CF2 4YD.

Cover design by Olwen Fowler, Pentan Design Practice, Cardiff.
Printed in Great Britain by Dinefwr Press, Llandybïe.

Contents

page

List of contributors   vii

Preface   ix

1 Zentrum. Nach Lage der Dinge. Archiv (Prosa)   1
   Der Weststrand (Gedichtzyklus)   6
   ». . . solang Gedächtnis haust/ in this distracted globe«
   (Rede)   13
   Volker Braun

2 Volker Braun: Leben und Werk   19

3 »Wir befinden uns soweit wohl. Wir sind erst einmal am
   Ende.«
   Volker Braun im Gespräch mit Rolf Jucker   21

4 Gesellschaftsentwurf und ästhetische Innovation – Zu einigen
   Aspekten im Werk Volker Brauns
   Walfried Hartinger   30

5 Von der »Ziehviehlisation« (1959) zur »ZUVIELISATION« (1987):
   Zivilisationskritik im Werk Volker Brauns
   Rolf Jucker   55

6 Blinded by the Light: Volker Braun's *Guevara oder Der
   Sonnenstaat*
   T. M. Holmes   68

7 Volker Braun's *Unvollendete Geschichte*: 'das Fehlverhalten
   einzelner' or How the GDR was Lost – a Textual Analysis
   with Hindsight
   Andy Hollis   89

8 The Disloyalty of a Loyal Comrade: Wilhelm Girnus's Conflict
   with the SED Leadership over *Unvollendete Geschichte*
   Stephen Parker   107

vi

9 Bibliographie 1986–1994
     Rolf Jucker   124

Index   158

List of Contributors

Walfried Hartinger (Leipzig) was Professor in GDR literature in Leipzig until the department was 'abgewickelt'. He has written extensively on all aspects of GDR literature.

Andy Hollis is Senior Lecturer in German at the University of Salford. He has written extensively on GDR literature and in 1988 he edited Volker Braun's *Unvollendete Geschichte* with an introduction and notes for Manchester University Press.

T. M. Holmes is Lecturer in German at the University of Wales, Swansea. He is a specialist in nineteenth-century German literature with a particular interest in the works of Georg Büchner, on whom he has recently completed a major monograph.

Rolf Jucker is Lecturer in German at the University of Wales, Swansea. In 1991 he published the first monograph on Stefan Schütz, and he has also written various articles on Schütz, Braun, Hans Henny Jahnn and literary theory.

Stephen Parker is Senior Lecturer in German at the University of Manchester. He has published on twentieth-century German literature, especially on Peter Huchel and the history of *Sinn und Form*.

Preface

Contemporary German Writers

Each volume of the Contemporary German Writers series is devoted to an author who has spent a period as Visiting Writer at the Centre for Contemporary German Literature in the Department of German at the University of Wales, Swansea. The first chapter in each volume contains an original, previously unpublished piece by the writer concerned; the second consists of a biographical sketch, outlining the main events of the author's life and setting the works in context, particularly for the non-specialist or general reader. A third chapter will, in each case, contain an interview with the author, normally conducted during the writer's stay in Swansea. Subsequent chapters will contain contributions by invited British and German academics and critics on aspects of the writer's *œuvre*. While each volume will seek to provide both an overview of the author and some detailed analysis of individual works, the nature of that critical engagement will inevitably depend on the relative importance of the author concerned and on the amount of critical material which his or her work has previously inspired. Each volume includes an extensive bibliography designed to fill any gaps or remedy deficiencies in existing bibliographies. The intention is to produce in each case a book which will serve both as an introduction to the writer concerned and as a resource for specialists in contemporary German literature.

Volker Braun

The present volume opens with three contributions by Volker Braun himself – three short prose pieces, a cycle of poems and an essay – to indicate the scope of work produced by this author. After the brief biographical notes, the remaining chapters are intended to shed new light on various aspects of Braun's *œuvre*, particularly in view of the global changes since 1989. The *Gespräch* in Chapter Three seeks to reassess Braun's literary production – without falling into the fashionable trap of reducing it to its GDR

context – by discussing its wider implications and especially its
relevance for an understanding of our current situation. Walfried
Hartinger's contribution in Chapter Four also covers the entire
period since 1959, offering a critical reappraisal of the writer's
development in view of the ten volumes of *Texte in zeitlicher Folge*,
with particular reference to Braun's political and aesthetic theory.
In Chapter Five, Rolf Jucker gives an overview of the changes in
Braun's treatment of ecological themes and his use of nature as
metaphor, while Terry Holmes in Chapter 6 reconstructs Braun's
theory of revolution and his critique of 'real existierender Sozialismus' with regard to *Guevara oder Der Sonnenstaat*. Both Andy
Hollis and Stephen Parker are concerned with *Unvollendete Geschichte*, but from different angles: while Hollis reassesses both the
ambiguity of Braun's text and his own earlier interpretation of it,
Parker reworks the cultural-political setting for the *Sinn und Form*
publication of *Unvollendete Geschichte* in the light of previously
inaccessible archive material. The last chapter is the first compre-
hensive bibliography of secondary literature on Braun's work
since 1986, and thus provides an invaluable resource for future
researchers.

1

Volker Braun

Das Zentrum

Ich will den Platz überqueren, ich will im Ernst an meine verlorene Arbeit gehn, und empfinde aber, in dem dünnen Gewühl, einen rohen ziehenden Schmerz, eine Freude . . . indem ich etwas vermisse; etwas Gelebtes, das ich insgeheim, in meinen Fasern noch lebe. – Ans Werk. Wir befinden uns in der Fußgängerzone, Kamerad, einer *beruhigenden Errungenschaft*, und es meldet sich die Scham. »Wenn die kleine DDR wenigstens den Katalysator, die Rauchentschweflung und die Fußgängerzone erfunden hätte, sie hätte glänzen können wie das ewige Zündholz, das zwar keinen Profit bringt, aber das es doch gibt. Daß wir keine Alternative lebten – das ist die eigentliche Scham.« – Allerdings kannten wir auch nicht den irren Verkehr. – Die Inseln, der Ruhe. Rastplätze des Fortschritts. – Unsere anders »beruhigte Zone« . . . – Areale ohne Drangsal / des Verdrängens! – Die bedächtige Gangart, auf den Kontinenten, die *andere Arbeit*
Wie einst mitten in den Text tritt Schaber, und unterbricht sie. Er tappt, ohne den Blick im geringsten zu wenden, zwischen die Container der Deutschen Bank und stellt sich geduckt in die Schlange. Ich folge meiner vierten Regung und grüße. Er ist alt geworden, leichenhaft. Guten Tag, *Genosse* Schaber. Er starrt aus dem mausspitzen Gesicht, das sich, erschreckt von dem Wort, verfärbt. Er drückt sich an die Blechwand, erkennt mich und lächelt gehetzt. Er grüßt: Haha. Damit ist ein Thema ausgeschritten, und ich blicke den Partner kühl an.
Die verlorene Arbeit. Der Chef, das Hohe Tier inmitten des »wegen oft nicht sehr klarer Zwecke hin- und herschießenden Volkes« (Kafka). Eine Ratte.
Jetzt sehe ich es! In Wirklichkeit war ich es, der pfiff: und er sprang. In Wirklichkeit – wenn man es ernst nahm – war ich sein Vorgesetz-

ter. Ich hätte nur zu kommandieren brauchen, es war meine Kunst.
Ich konnte vorschreiben, was ich will, er mußte mir folgen / mich
verfolgen. Das war mein Privileg, daß ich *Antwort* bekam (und er
nicht). Ich war verantwortlich für ihn. Ich habe ihn vernachlässigt,
ich habe ihn verkommen lassen. Jetzt bin ich das Sorgerecht los.
Aber auch das Volk der Mäuse war ihm über. Wenn man es ernst
nimmt – in dem einen Moment – war es eine Macht. Hier im Zentrum, als es zusammenstand. Er war der Untertan.
Wie, wenn es all das begriffen hat? würde es wieder aus den Lö-
chern kommen, wie einmal?
Schaber versteht nichts; er grinst aus den Schultern hervor. Wir sind
im Zentrum der Furcht. Ich trete auf ihn zu, und er weicht in Panik
in die Reihe, und ich umarme ihn kühn.

Nach Lage der Dinge

Die Dinge lagen so, daß sie zugänglich waren. In den Ortschaften,
im Gelände; jedermann ging an sie heran, verharrte kühl seine
Stunden und übergab sie der nächsten Schicht. Kaum daß bei der
Übergabe ein paar Witze gewechselt wurden oder sonstige Nachrichten. Männer und Frauen nahmen die Dinge, wie sie waren, man
stellte sie an, man stellte nicht viel damit an. Man konnte mit ihnen
leben, den genügsamen alten Apparaten; während der Arbeit *leben*.
(Man verstand es so.) Es war das Eigentum. Das war unerhört.
Selbstverständlich!
Es hat dann bei all den Gegenständen eine Veränderung gegeben,
es wurde ihnen der Titel genommen, und sie starrten herrenlos aus
den Hallen. Vielmehr die Eigentümer in ihrer Bescheidenheit stellten
die Dinge zur Disposition. Es sollte nicht an ihnen liegen. Es sollte
werden (im nachhinein fragt man: was?). Die Dinge aber nun, sich
selbst überlassen, wurden rege. Sie begannen unversehns zu handeln. Sie stellten sich groß heraus, jedes eine besondere Sache, die
im Regen stand. Sie versuchten sich zu behaupten, mit ihren Ferti-
gungsstrecken und Aggregaten. Sie waren plötzlich, oder merkte
man es nur erst, mit einer Kraft begabt, die hart das Verhältnis der
Personen zu ihnen klärte. Sie teilten kalt mit, wen sie ertragen
mochten; die wenigsten; bekannte volkreiche Produktionen liefen
aus wie alte Eimer. Die gewiefte Belegschaft verfolgte fassungslos
die Handlung, des alten Eisens. Es rächte sich, daß man diese Dinge
unterschätzt . . . daß man sie nicht geschätzt hatte. Nichtsnutze wir,

die nicht darüber verfügt hatten mit Fug und Recht! Jetzt gewannen die Dinge, die man nicht groß angesehen hatte, ein schreckliches Aussehen, entmenschte Maschinen, sie wuchteten in die Reihen. Oder duckten sich in den Acker, um uns loszuwerden, und spreizten sich mit ihrem Schrottwert. Und nicht, daß sie dabei zu gewinnen hofften! Ganze Werke, wie um den Menschen zu verhöhnen, ließen sich verhökern für eine Mark. *Nehmen Sie meine Fabrik.* Man hätte gedacht, daß sie sich verteidigen würde mit Nägeln und Schrauben. Aber kaum hatten wir die Bänder angehalten, waren sie arretiert von dieser magischen Kraft. Bis man begriff, was eigentlich vor sich ging, war es um alles geschehn; ein sagenhaftes Ereignis, dessen Schnelle der Beweis der Unausweichlichkeit war. Welche Erniedrigung, welche Erhebung. Ein freies Feld von Bitterfeld bis Böhlen. Wenn einem nur das nackte Leben blieb.

Archiv

Nach der sogenannten Wende sah ich nur die Wendungen, und zwar der willfährigsten Leute, die sich also gleich blieben. Ich hörte sie noch in dem sattsamen Tonfall sprechen, nur waren ihnen die Worte etwas durcheinandergeraten, so von außen in die Zähne gesteckt, und sie sangen nun nicht mehr WESSEN STRASSE IST DIE STRASSE / WESSEN WELT IST DIE WELT! sondern: wessen Laden ist der Laden, wessen Geld ist das Geld.

Als der historische Moment gekommen war und die Larve den Panzer zerbrach – und wirklich, pünktlich ereignete sich das Unglaubliche –, vernahmen wir aber ein fauchendes, oder blechernes? Geräusch, das große Flügelwesen zog pfeilschnell über die Allmende und mähte die Hundeblumen. Ein Schmetterling – der Name hätte mich warnen können, jetzt war mein Besitz zerschmettert. Aber die Freiheit nicht, der Panzer hat die Schreckgestalt gemacht, meine harte, gepanzerte Hoffnung, in der das schlummerte und ausbricht wie die letzte Konsequenz.

In San Francisco überreichte man mir einen kleinen silbernen Stern, wie er an die Helfer beim Erdbeben vom Oktober 1989 vergeben wurde. Im Oktober 1989 war ich im Erdbeben in Berlin. Alright.

Ich hatte, wenn ich es zu Papier gab, selber ein Leben; ich *suchte* nichts anderes, dasselbe nur besser. Ich schrieb Annoncen mit diesem schlichten Text. Die wirkliche Offerte war endlich die Katastrophe.

Wir liegen jetzt wie Findlinge vor den Endmoränen aus der Eiszeit, wir brauchen keinen Respekt. Wir sind nicht zu verwerten wie der Splitt.

Der *leere Raum*: des Vorgefühls, in dem wir so viel fallen ließen, was uns beschwerte, der Raum der Möglichkeiten, das war der Alexanderplatz, als er so gefüllt war, mit unabsehbaren Massen.

Im November 1989 hielt ich im Friedrichstadtpalast eine Rede: ÜBER DIE NOTWENDIGKEIT VON RÄTEN. Es war ein klarer, aber nicht flammender Text, und ich in ebensolcher Verfassung. Redend, hatte ich schon resigniert. Ich habe ernsthaft gedacht, aber nicht ernsthaft gehandelt. Auf der Rednerliste war, infolge eines Hörfehlers, angekündigt: ÜBER DIE NOTWENDIGKEIT VON REDEN.

Etwas fehlt. Aber etwas bleibt, sagte Paul Ackermann, nach dem langen Aufstand der Montage, in der Messestadt Mahagonny.

Es wurden dann sogenannte grauenhafte Vorschläge gemacht, abgebaute Zuschauer- als wie Arbeitsplätze. Eine gewisse Übereinstimmung sei zu wahren, eine Gerechtigkeit. Wenn die Bischofferöder HUNGERN FÜR ARBEIT die Berliner nach Kunst. Das Solidarpack. – Es gab keinen Applaus, aber die letzte Garderobenfrau begriff, daß ein härteres Stück beginnen muß.

Leseland. »In der Veranda der Kantine stehen Feldbetten, an denen Handschellen festgemacht sind. Auf dem Tisch überall Getränke und das *Handbuch des politischen Fastens.*« WOCHENPOST 28 / 93

»Wir sind alt genug, um ganz von vorn anzufangen.« POSTDIENST

Die mailänder Agentur eines gewissen Umberto Badini oder Gallini bietet die perfekte Flucht an, den spurlosen Flug; unter Zurücklassung der Probleme. Die Gattung darf darauf zurückkommen.

»Ich neige heute noch, zum Beispiel in der Fußgängerzone in Köln, zu Haßanfällen gegen das Geschmeiß . . . Das ist unausrottbar. Auch der Stachel, wenn ich mich dem Geschmeiß anschließe und es schmeckt mir«, sagt mein Freund.

Ein Skinhead, beim *Besuch* eines links-autonomen Jugendtreffs am kahlen Kopf getroffen, ist jedoch gut verbunden worden, dergestalt, daß er in der Dunkelheit, in Hellersdorf, noch einmal, als Inder, zusammengeschlagen wurde.

»A tree is best measured, when it is down.« Robert Wilson. Will ich es so genau wissen, und der Wald ist gefällt?

Meine Verhältnisse raten mir, rücksichtslos zu sein. Lächle nicht, sagen sie. Lüge nicht. Heraus mit dir, ohne Umschweife, hart, brutal. Faß! Ihr Hunde. Ihr Hunde. Wie stille ich nun die Sehnsucht nach Freundlichkeit.

Wir halten uns aufrecht an den Untergängen. Nun inszenieren wir sie. Das schmutzige Meer in Böhmen, die Sturmflut. Aber vielleicht hilft sich die Natur, und es ist ein reinigender Sturm: und ihr *Auftritt* eine versöhnende Geste gegenüber dem verrotteten Menschen? Und er sollte nicht der gleichen Gesten fähig sein, in einem ernsthaften Spiel?

Der Weststrand

I

Heiteres Grau: der Atlantikhimmel,
                              eine Wolkenbank
        Auf der dein Blick ruht, »zurückgelehnt«
        In den Zusammenhang
Das Licht verschwenderisch niederströmend
Und die Gestalten
                zerfetzt
                      der Gedanken
        Die weiterkämpfen (wofür?), die *toten Ideen*
            Im Luftkampf
                      (halb Panzer halb Leib)
Ein katalaunisches Feld. Das Mündungsfeuer
        Der Morgenzeitung
                    Das du inhalierst über den Tisch gebeugt
            Mit deinem lachenden Auge, Zyklop

Ohne Feind zu sein!
                    mit lockeren Gliedern
        Im unzerteilten Wasser, der Laichgeruch
                Aus Geburt und Tod, Jahrtausendschlick.
Die zerborstenen Bunker steil
                Hangend am nackten Strand:
Ein Wolkenbruch, schräg schraffiert,
                              rückt die Entwürfe
Unrettbar weg . . .
                eine erschöpfte Front.

II

Ausschreitend auf dieser abschüssigen Bahn Progrès
        War kein Halten mehr
                Ein Riß
In der Existenz (. . .) Das Minenfeld
                Deiner Kompromisse
            Geht langsam hoch. Passé
        Politisches Tier

Vergiß die Witterung des Ziels.
Abgewickelt
        ausgeschieden
                verrutscht
Ohne Zentralperspektive
    Fällt dein leichter Leib durch den Rost;
PARTEI UND STAAT, der Kurze Abgang
    Der Seilschaft
        Von der Eifer-Nordwand
        Ins Nichts –

Und nur diese Frau, mit bloßen Brüsten
    (»der letzte Halt«)
        Ramponiert von der Lust, mutig
            Das Hormonpflaster auf der Hüfte
Ist dir geblieben als Unterschlupf:
                verlaß ihn auch!
Ein roher verlockender
    Stich ins Herzfleisch
Fini. Aber du hältst dich
        Fest,
           mit zwei Fingern
    Am Handgelenk, bedenkenloses Beharren
Auf deiner Meinung . . . uralte Revolte
        Zärtlichkeit.

III

Plötzlich warst du am Weststrand, duftende Bäume
    Mit Zapfen groß wie Granaten
        Hitzefelder: weiter
Gehts nicht in dieser Richtung, du hast es
    Durchquert,
        das breit liegende Frankreich
        (Dieser Wahnsinn! dieses Versprechen!)
        »Ein Treck aus Deutsch-Nordost«
Auf der Autoroute. *Roulez relaix.* Die Prospekte
    Deiner Begierde, ausgemalt
    Mit wirklichem Leben
    DOUX ET RESISTANT

Wie Toilettenpapier. Was für ein rasches Ende
    Des langen Marsches.
        Du ziehst die Luft ein
Die einzige Losung:
          Das ist es. / »Das wars.«

Der Selbstmörder auf dem Reichsbahngleis
    (Obdachlos . . . »die Motive sind unbekannt«)
Der Leib blutleer eine weiße Plastik
        Der Schädel aufgeklappt
      Die rote Höhlung
     Die ich betrachtete, *eine Gelegenheit*
      Extrem
Wie die Liebe, die alles auf eine Karte setzt,
                     zuletzt
Genoß er dasselbe Geräusch, ein Rollen
      Definitiv
Wie die Sensationen
        von Ebbe und Flut.

   IV

Oder aus dem Sand gebuddelt, Althusser
      Ermangelnd mächtigerer Argumente
    Schlug sie tot, sein EINUNDALLES,
               die schwatzende
      Doktrin wie sie leibt und lebt.
Loslassen, und wohin!
         dann mit deinen Armen
Unglücklicher. Sartre
    Im Empyreum, gibt ihm schüchtern die Hand
      (Sein Denkmal steht, eine Moorleiche
        Mit sich allein). Wir
Das Drüben konnte uns wenig kümmern
    Dasselbe (bestenfalls) in Grün

Von unserer Insel Utopia
         (Gemeinbesitz!
    Geld: spielt keine Rolle, Arbeit für alle)

Vertrieben, aus Mangel an Fantasie,
                    genußunfähig
Gescheiterte
        Reale Existenzen, *total mobil*
            Im prétexte der Simulation. Wir
(Sie redet, sie hört nicht mehr auf zu reden
        Und rechtzuhaben, es ist nur eine Frage von Jahren
Dann schlug er sie tot)

                    Kein Vorschlag mehr. Das Problem
        Heraustreiben und stehenlassen
Wie eine Tote
            in deiner Biografie.

    V

Frühstück, »Herr Ober, die Staukarte bitte«
    . . .
Sie hocken im Modder wie komische Vögel
        Die Krallen abwärtsgerichtet
                Plastikbeutel als schwarze
                Wehende Kröpfe, Muschelsucher
In La Tranche-sur-mer. Einsame lüsterne Arbeit
Der Dichter,
            für eine rohe Mahlzeit.
                    Was zählt
        Das *Ende der Geschichte*
            In diesem alltäglichen Schlick
Wo oben unten ist und Tod Leben.
        . . . Und er benutzte die Zeit, darüber nachzudenken
            Wie paradox es ist
                Daß uns Stöße Genuß bereiten
        »Ein Stochern im Leib . . . dankbar aufgenommen«.
            Im Gesicht einer Frau
Liest er, öffnet sich was sich öffnen läßt
        Mund und Auge, mehr
            Liest er im Gesicht einer Frau.
Siedendes Wasser. Sie schlürfen die Muscheln
        Eine Nacht nach der andern
        Betäubt mit Zitronen

Und ich hoffte wieder, mich der Dinge
   Die mich treffen
      Ein Erwählter
         Würdig zu zeigen.

   VI

Ein Mittag ohne Adresse, windflüchtig, süchtig
   Nach Sonne streunst du
      Aus dieser Schlucht Politik
         (»dem Leben
Wiedergegeben«) in die blühende Steppe. Hättest
   Du dir das (und von wem)
Träumen lassen? Eine Watt-
   Wandrerin, unabhängig
      Deine Seele, von den Zapfsäulen
Spürst du das Schwimmgleichgewicht der Landmassen
   Auf dem pulsierenden Erdkern. *Themenwechsel*
      Der Kannibalismus unter Galaxien
      Du kannst sagen, du bist dabei. Die Plattentektonik
Der Geschichte (»gleichsam ein Auffahrunfall«)
   Und der Superkontinent
      Pangäa erhebt sich
         COCA COLA aus dem Weltmeer.
Jetzt hast du alles (was du nicht brauchst), atme auf

Sechzigmal der Wechsel der Jahreszeiten
   Dreimal der Wechsel der Zeitalter
Darunter machst du es nicht;
           nimm
   Die Dinge, wie sie nicht länger sind
Mit kalter Achtung: kein passeur . . .
                un passant.

   VII

Nackte Matratzen, stockfleckig, schamlos
   In einem eisernen Doppelbett
      Zwischen Tür und Fenster gerammt

Ergeben unter unsrer Last. Der Blickfang
        Ein Nymphenfest aus dem Fundus
            Der patronne, ein Geruch
Nach Umarmungen zahllos wie die Karos der Tapete
        Eine Lauge von Leidenschaften
                Küchenmessern und Schweiß. Hier

Ist der große Ort, meine Fröhlichkeit
        Zu bekennen, wie jede andere Schuld
                (Das Gefühl
Complice, verbraucht sich nicht BEI GEBRAUCH
        Wie ein Seifenstück . . . Wasche dich in Schuld)
                An einen Rücken geschmiegt
                    Im ernstesten
                        Augenblick
Aus dem du hervorgehst,
                    ein Toter oder Verliebter
        (»Er hat gezahlt«)
Verwandelt in einen Bastard
        Aus Zufällen und Rassen
Und den Ekstasen
            des Möglichwerdens
    Das der Zauber, dem ihr erlegen seid, birgt
Ein Morgen, der taunaß die Läden öffnet.

    VIII

Rollend zurück voran in die Normalität
        Stoß-
            stange an -stange
                (*Wohin denn ich?*), die Blockade
Vor Fontainbleau. Die Leib-
        Eigenen in ihren Karreten ruhend
Bis zum Verrecken. STILLSTAND, o
            Nachsitzen in der Kolonne, heitere
Stunden der Wahrheit,
                    Vision einer reglosen Stadt
»Man lebt: man sichtet das Material des Lebens«
(Virilio)
            Ringsum der verlassene Landstrich.

Im Wald von Barbizon
                    der Krieg der Bilder
    Die Reisenden ohne Ankunft
        »Verzweiflungstouristik«
    Pastose Manier, in Motoröl.
Daß es so weitergeht, wußte er, ist die Katastrophe.
Und er
        hockte sich zwischen die alten herrlichen Bäume
         Und konnte scheißen
    Und ging zurück zu den Rastenden in das
Alte Beieinander,
           gemalt von Millet.

Und der Brand am Rand
    Dieses Texts, der sich weiterfrißt

IX

Chinaschilf auf deutschen Äckern / die Grundbesitzer
    Trampeln den Morgen breit,
                    wie weiter
      Nach der Pointe deines Lebens
Der Rest Süße einer großen Flur

    Im Schatten glühend bleib ich (. . .)

» . . . solang Gedächtnis haust / in this distracted globe«

Das Thema der Kunst ist, daß die Welt aus den Fugen ist, daran wird die vereinigte Shakespeare-Gesellschaft nichts ändern. Sie hat den Auftrag, William Shakespeare zu bewundern: und kann sich über sein zwielichtiges Nachleben wundern. König Lear tritt im geeinten Deutschland wie mit sich selbst entzweit auf die Bühne. In Hamburg sieht ihn Benjamin Henrichs »brav geschniegelt, gebügelt und gescheitelt«, in Ostberlin »wild, unflätig und zerrissen«. Dort eine demütig rezitierte Welttragödie / da eine höhnisch abgefertigte Alltagsfarce. »Die Welt zerbricht, das Thalia Theater macht weiter, neutrale Noblesse«, sagt der Rezensent; in der Volksbühne »zerbricht keine Welt. Ein muffiger Kleinstaat geht unter. Hausmeisterrachsucht.« In Hamburg steht ein geliebter Privatmann im Staatstheater, in Ostberlin eine verächtliche Generation auf der devastierten Heide. Dort scheint man am Ende der Kunst / da ist man mit sich selbst nicht fertig. Mitfühlende Verkörperung in der unberührten Haut / authentische verzweifelte Intimität. LEAR HER, LEAR HER, ODER ICH FALL UM. Jedenfalls ein Unterschied wie Tag und Nacht, Lear unter dem Lüster / unter dem Verfolger. Die Beleuchtung einer anderen Erfahrung, der Einsatz eines anderen Wissens in der Landschaft des Triumphes und der Gegend der Niederlage.

Meine Damen und Herren auf- und abtretenden Personen. Wir rangeln um Zeitalter, Shakespeare sind sie eins. Ein Montaigne-Leser, »wenn ihr einen Tag gelebt habt, so habt ihr alles gelebt. Ein Tag ist gleich allen Tagen.« Goethe dagegen: »Wer nicht von dreitausend Jahren / Sich weiß Rechenschaft zu geben, / Bleib im Dunkeln unerfahren, / Mag von Tag zu Tage leben.« Bei Goethe ist alles *Bildung* bis hinab ins Unbelebte, Felsenharte. Im Globe sind die Steine und Gestirne aufgemalt, und alles ist gegenwärtig. Shakespeare erinnert sich an nichts, er hat es. Auf der Bankside der compound ghost, der Sammelgeist, ursprüngliche Akkumulation von Erfahrung: aber ohne die Ambition von Geschichte. *Progress* die Fortbewegung der Könige. William ist, unser verfrühter Zeitgenosse, geheilt, ohne je erkrankt zu sein, vom Fortschrittsglauben. Alle Szenen ein für allemal gemacht: die Qual, in die er uns aussetzt im Wald der Widersprüche, in dem sich Bertolt Brechts Holzfäller, seit dem letzten Bild des *Baal*, betätigen. Shakespeare läßt das Dickicht stehn. Der Gegensatz, der Konflikt, die Krise, und die entsetzlich seltene Umkehr. Mehr weiß er vom Werdegang nicht zu sagen, aber

alles vom bewußten Handeln: vom Verhalten in Verhältnissen.
Politik die Kriechspur der Gattung, ekles Selbstzitat durch die Zeiten.
ICH BRAUCHE SOLDATEN. – KENNT MICH HIER JEMAND?
WER KANN MIR SAGEN, WER ICH BIN? William im Theater. ICH
WILL NICHT WISSEN, WER ICH BIN. Heiner im Fernsehen. Wir
sind in unserem Stück.

Die Dämonisierung der DDR; der Arbeiterundbauer ein Landestrottel
und Hungerleider, Jack Cade der Enteigner, der Bodenreformer, das
burlesk-brutale Gegenbild des kapitalistischen Demokraten: der ihn
jetzt aus dem verkommenen Grundstück jagt. Wenn wir doch darin
schlampampt hätten wie Sir John Falstaff, nicht nur am blauen
Montag. Es hinderte die Parteidisziplin. In fünfzig Jahren, sagt
Eissler in New York, wird die vorgebliche Volksdemokratie im
Gedächtnis Auferstehung feiern. Die Rohheit ist verziehn, der »reale«
Sozialismus wird zum Cokaygne-Bericht über ein Schlaraffenland,
wo jeder das Recht auf Arbeit und Bleibe hat. Eine WORLD
TURNED UPSIDE DOWN! Jetzt aber kommen wir zunächst auf den
Boden: indem er uns entzogen wird. Das Volk, der alte Lord of
Misrule, klopft an das Tor der Bundesrepublik und bittet um Einlaß
– und der Kanzler aller Deutschen sagt: Ich kenne dich nicht, alter
Mann, du bist entlassen. Doch der Untergang der Utopie ist schon
kein Triumph mehr, der Sieg der Ordnungsmacht hat einen
Beigeschmack von Treuebruch . . . pardon, die Rede war, Weimanns
Rede, von den Anarchisten in Eastcheap, nicht von den Wessis in
Weimar, Hochhuts Dämonen.

Sagte ich: unser Stück? Wir sind in seinem Stück, und meiner Rede,
sage ich mit Demut; denn unsere Stücke, meinte Heiner Müller hier,
schreibe noch Shakespeare: solange wir nicht bei uns sind. In unsrer
eignen Handlung, *Lords and Ladies*.

Ich komme vom Lesen der Akten. Der Schock der *Einsicht*: man weiß
plötzlich mehr. Ich erfuhr auf einen Schlag »alles«, Staatlichstes und
Intimstes, Mechanismen und Innereien, Verrat in seinen läppischsten
und schmerzlichsten Masken. Das perverse Gedächtnis der
Macht . . . Das Gefühl: es sind die shakespeareschen Bösewichter
alle im Hintergrund. Jago von der Hauptabteilung XX hebt die
Tüchlein vom Boden, die Berichte. Wie, Desdemona. Wenn wir
beieinanderliegen und sich die Körper lieben, wollen die Hände an
den Hals greifen, um zu dem tradierten Schluß zu kommen. Man
weiß einmal mehr. Shakespeare wußte mehr; es ist, als habe ihm
jemand die Akten der Menschheit geöffnet, er hat Zugang; was die
Beobachteten schwafeln und schwatzen in ihrem Herzen, ist

aufgezeichnet, ihre verborgenste Fiber. Es bleibt die Frage, wer hat ihm den Zugang verschafft. Oder war er wie Goethe Chef seines Geheimdiensts, Deckname »Abaris«, der *Geheymerath*! (Nicht umsonst handelt unser Nationaldrama von einem Pakt, und wirklich strebt der Teufelskerl zum Guten.) Nein, es bleibt Shakespeares Geheimnis. Abschöpfung, Zersetzung, Kompromittierung, alle Formen der Feststellung und Darstellung der Personen und Sachverhalte, einschließlich der Liquidierung – jedenfalls hat er die Personen zum Sprechen gebracht, und in schönstem Stil. Auf die Folio schriebe Hauptmann Girod zynisch: *zuverlässig, ehrlich*. Aber Shakespeare war in einem anderen Dienst.

Brechts des Kämpfers Fußangel die Ideologisierung, die den Text entrealisiert; die Sorge im bitteren Exil. London vergleichsweise ein süßer Aufenthalt: auf der Plattform. Das gängige Drama ein Raum naiver Freiheit, den William ausschritt mit schier maßlosem Interesse. Er hatte das Herz für alles, er dachte in jedem Kopfe mit. Ein Allgesinnungsliterat. Der Level die unmittelbare Selbsterklärung der Leidenschaften. Wilhelm Wurfspieß' unendlicher Übermut. Goethe hieß es gut, daß Schröder die ersten Szenen des *Lear* strich, Shakespeare schrieb sie tollkühn hin. Er exponierte das Äußerste: das Menschenmögliche, auch »das Böse in seiner ganzen Gräßlichkeit« (Hegel). Die nackte unverdrängte Epoche, Shakespeare die durchlässigste Kreatur, und im Text liegen die Nerven bloß. Die Katarakte der Vergleichungen und Bilder, worin er sich beherrschte und befreite, lassen uns empfinden, was er für ein Mensch war. Und er leistete darum ein anderes. Er gab die Besten und Bösesten, gleicher Weise, »als Intelligenzen kund, deren Genie alles in sich befassen, eine ganze freie Existenz haben, überhaupt das sein könnte, was große Menschen sind.« O unser angelernter, und nicht eigner Text.

Nach dem Herbst der Gewalt auf den Straßen veröffentlicht die FAZ eine »Weihnachtsbetrachtung« von Safranski: *Die Wiederkehr des Bösen*. Die Gewalttäter und ihre Claqueure, sagt er, »orientieren sich . . . an der Blutspur unserer Geschichte«. Die Gewalt sei »selbst der lustvoll angestrebte Zweck«, man verharmlose sie, wenn man sie nur als Reflex sozialer Frustrationen sehe. Die akuten Bedingungen, ruft er, verschwinden in »jener alles grundierenden Nacht, die man nannte: das Chaos, das Böse, das Übel« – der *Welt*, wie das Christentum angibt, in der wir zwar sind, aber von der wir nicht sind. Der christliche Realismus, reaktiviert für das neu zu besetzende Lehramt, nachdem die Geschichte »wieder offen, gefährlich,

unberechenbar« sei. Nachdem die *Freiheit* gesiegt habe. Es sei auch
die Freiheit der Zivilisation, sich unserer Verfügung zu entziehen.
Gibt es noch die Menschheit, das Supersubjekt in seiner Schöpfung?
die den Menschen »eines Tages für tot« erklärt. – In der allgemeinen
Predigt wird er tatsächlich ganz zur abstrakten Größe. Bohrer gibt
ihm im MERKUR die Individualität zurück. »Kurz und blutig«
hätten die Säuberungen im Stall der Diktaturen zu sein, »es fehlten
Tote«.
Well, das bürgerliche Feuilleton, die Iden des Commerz fordern uns
Erinnerung ab. Die Vergangenheit, antwortet das Kabarett DIE
DISTEL, fand im Osten statt. Der Westen ist der Konsens, schreibt
die FAZ, »nur eine Kritik ist noch möglich: der Warentest«. Der
Dialog aus einer Moralität, unseres Medienmittelalters. – Kurz und
– bündig: wir haben unter unserem Wissen gehandelt und ge-
herrscht, ihr produziert und genießt unter aller Vernunft. – Erinnerung: an die vertane Geschichte; der kopflose Rumpf auf dem
Dunghaufen: Jack Cade in Kent, und Rosa Luxemburg schwimmt
im Landwehrkanal. GEDENKE MEIN: das heißt in Weimar der
Schwur von Buchenwald. Das verramschte Volkseigentum. Was
heißt es in Bochum. Wir schleppen das Gedächtnis von Kriegen, die
wiederkehren, und unwiederbringlichen Wenden. Die Erinnerung
an die Zukunft, eine Altlast. – Und die *Abwicklung* der Fünfundfünf-
zigjährigen in Neufünfland: was für ein Verzicht, ein Auslöschen von
Berufserfahrung. – Das falsche Leben, das wir vergessen können . . . Die Erinnerung ein Boden, ein Erbe, ein Besitz, hier gilt nicht
Rückgabe vor Entschädigung. – Nur das kollektive Gedächtnis
überdauert. – Wir könnten den Besitz zusammentragen, die doppelte
deutsche Erfahrung, die einen Widerspruch von Welten faßt. Was
für ein Material, für unseren Auftritt. Der brave / wilde Lear ist
beieinander; WHO SOMETIME, IN HIS BETTER TUNE, REMEM-
BERS / WHAT WE ARE COME ABOUT. Und jetzt, in beßrer
Stimmung, wirds ihm klar, warum wir hier sind.
Es ist ein heller Moment. Die neueste Unübersichtlichkeit, das
planetare *mingle-mangle* nach dem Ende der Großen Erzählungen
vom Fortschritt ist nur eine Bauernbühne des Dilettanten Menschheit. So shakespearesch die Szene anmutet, es fehlt an globaler
Handlung. Oder ist es die: daß sich die Menschheit verleugnet, ihr
besseres Selbst, ihre Erfahrung verbirgt in der gewohnten Komödie?
Der russische Prospero ist zu den Statisten gesteckt, Fortinbras
marschiert in die Krisengebiete. Regietheater der Weltpolizisten für
die reality-show einer zweiten Kolonialzeit. Die prophetischen

Hungerzüge in Kosinzews *Lear*-Film werden der Standard ganzer Halbkontinente. »Nach jeder Befreiung eine Wanderung durch die Wüste«, sagt Goldstücker in Prag. Auch die Wälder stehn nicht länger angewurzelt vor unserer Maschine, die stumme Natur mengt sich in den Krieg. Jetzt sehen wir den kaputten Globus, STREW'D WITH HUSKS AND FORMLESS RUIN OF OBLIVION. Im Burgtheater Europa *Die Stunde da wir nichts voneinander wußten*, eine brave Bilderflut, ein Augenschein, wie zum Protest gegen eine Idee der Ordnung, die gnadenlos, sagt Bauman in Leeds, alles Uneindeutige und Andersartige ausräuten will bis zur Endlösung. Aber die Beliebigkeit ist nur eine andere Skrupellosigkeit, ohne Orientierung keine gute Geschichte, ohne Vernunft kein Gang aus den Katastrophen.

Meine Damen und Herren, das ist ein Shakespeare-Tag; erlauben Sie mir, zur Vernunft und zum Wahnsinn zu kommen. Der Stellwerker über der Bühne des Berliner Ensembles erinnerte mich an den Baggerführer in seiner Kanzel über dem nächtlichen Tagebau; der fuhrwerkte im Sand, und der fuhr die Vorstellung. Auch auf der elementaren Bühne war jeder Handgriff durchdacht, jede Tätigkeit rational, die des Maschinisten, des Dispatchers, des Schichtingenieurs, jedes Gewerk hatte seine Logik, aber das Ganze war womöglich Wahnsinn. Die Hinterlassenschaft unserer berühmten Arbeit jenes devastierte Land; die Kohle unter dem versunkenen Lakoma langte gerade, das Kraftwerk zwanzig Stunden zu versorgen. Energie für überheizte Wohnblocks mit zugigen Luken. Und der Bürgermeister Anton versteht die Welt: DAS IST UNSERE ORDNUNG, DASS ALLES IN ORDNUNG IST, ein neuer Lear in der lausitzer Heide. Erst auf dem elenden Grund wird es ernst, im Aberwitz des wüsten Satzes, daß wir das Land nicht lieben. Staaten willfährig unserm verwüstenden Lebensstil. Und in Horno geht der Wahnsinn weiter. Vom Ressort aus ist er nicht zu entdecken, der Zusammenhang begreift das Verhängnis; die Totale auf einer anderen Bühne. Das Nationaltheater, wenn das Wort noch Sinn macht, hat das konkrete Verhängnis, die besondere Barbarei einer Landschaft zu zeigen, Deutschland, Rußland, Japan oder Indien. INSTRUCTIONS, MANNERS, MYSTERIES, AND TRADES, / DECLINE TO YOUR CONFOUNDING CONTRARIES / AND LET CONFUSION LIVE. Die rohen Befunde bilden die Hemisphären der Weltvernunft.

Aber es ist die Vernunft im Wahnsinn, formuliert von den *fools*, Herrschern und Bettlern unseres weltgeschichtlichen Dramas, der verrückte Einspruch gegen die gewaltige Pantomime, die Jan Kott im *Shakespeare heute* sieht. Unser Schauspiel ist in den Schatten gestellt von Schauprozessen, unser Märchen erhellt von Emanzipationen. Noch wohnt Gedächtnis in unserm Trümmerhaupt, kämpfende Erinnerungen an Überlebtes und Erträumtes, Nichtgelebtes. Die Toten der Tagesschau und die Liebenden, die wir waren, ruhen darin in ihrer Unruhe, das Ausgegrenzte, Abgeschobene hat darin Asyl, die Macht und die Natur in ihrem »rasenden Dialog«. Wir müssen auf ihn setzen. Die Totale Shakespeare muß eine Gesellschaft ersetzen. Wir traten eben aus unseren Rollen heraus, erinnern wir uns!, in eine Welt der Untersuchung, nicht des Ja und Nein, bindungslos nur der ganzen Erde verhaftet, alles gewärtigend, aber wissend: kein neugieriger Ben Jonson würde nach dem Weltbrand die Balken des Globus besichtigen und sagen: Da liegen die Reste der Welt. Der »geheime Punkt«, um den sich alles drehte, hat sich verlagert, in dem das Eigentümliche unseres Wir, die ungewisse Solidarität unseres Wollens, den nicht notwendigen Gang des Ganzen ändert. Es ist an der Menschheit, originär zu werden. Wir werden ein schmerzlicheres Szenarium signieren. Wie der entthronte 2. Richard wird der entmachtete Mensch verblüfft erkennen, daß es ihn noch gibt, daß er noch Luft atmen, Boden treten kann. Der unfreiwillige Aussteiger im abgenutzten Weltall wird bei Bewußtsein sein und noch immer, noch einmal William Shakespeare gleichen. KEIN EPILOG, ICH BITTE EUCH. EUER STÜCK BRAUCHT KEINE ENTSCHULDIGUNG. – O PAULINA, FÜHRE UNS WEG VON HIER, DASS WIR GEMÄCHLICH EINANDER REDE UND ANTWORT STEHN ÜBER DIE ROLLE, DIE JEDER VON UNS SPIELTE, SEIT WIR UNS TRENNTEN, IN DEM GROSSEN BOGEN ZEIT. FOLGT MIR SCHNELL.

2

Volker Braun: Leben und Werk

1939	Geboren in Dresden-Rochwitz. Vier Brüder.
1945	Zerstörung Dresdens. Vater gefallen. Einzug der »Russen«.
1948	Mit einem Roten-Kreuz-Transport in der Schweiz.
1953–57	Oberschule. Wegen politischer Äußerungen ein Jahr Bewährungsfrist. Abitur.
1957–58	Druckereiarbeiter. Fristlose Entlassung.
1958–60	Tiefbauarbeiter im Kombinat Schwarze Pumpe, Facharbeiterlehrgang, Maschinist im Tagebau Burghammer. Eintritt in die SED.
1960–64	Studium der Philosophie in Leipzig. Um ein Haar Exmatrikulation wegen der Gedichte, die Stephan Hermlin in der Akademie der Künste vortrug und SINN UND FORM veröffentlichte.
1964	Reise nach Sibirien.
1965	*Provokation für mich* erscheint. Heirat. Geburt der Tochter.
1965–66	Auf Einladung Helene Weigels Mitarbeiter am Berliner Ensemble. Abbruch der Proben zu den *Kippern* nach dem 11. Plenum des ZK der SED.
1968	Die erste Fassung von *Hinze und Kunze* (»Hans Faust«) wird während des Einmarschs in die ČSSR in Weimar aufgeführt. T., das Stück liegt bis 1988 im Safe des Suhrkamp Verlags.
1970	*Lenins Tod.*
1971	Lesungen in Frankreich. Heinrich-Heine-Preis.
1972–77	Mitarbeiter am Deutschen Theater. Inszenierung der *Kipper*, Abbruch der Proben zu *Tinka* und *Guevara*.
1973	Vorstandsmitglied des Schriftstellerverbands.
1974	*Was bleibt zu tun?* Flugschrift.
1975	Beginn der sogenannten operativen Bearbeitung durch den Staatssicherheitsdienst wegen »politisch-ideologischer Diversion« (OV [Operativer Vorgang] »Erbe«).

Unvollendete Geschichte erscheint in SINN UND FORM (das Buch in der DDR 1988).

1976 *Es genügt nicht die einfache Wahrheit* erscheint. Reise nach Kuba und Peru.

1977–90 Mitarbeiter am Berliner Ensemble. Inszenierung des *Großen Frieden*, Verbot von *Dmitri* nach der Ausrufung des Kriegsrechts in Polen.

1978 *Büchners Briefe* wird in Frankreich gedruckt und kursiert im »Apparat«. Stopp aller Verlagsvorhaben.

1979 *Training des aufrechten Gangs* erscheint.

1980 Lesungen in England. Heinrich-Mann-Preis.

1981 *Hinze-Kunze-Roman*, er erscheint nach Auseinandersetzungen 1985.

1982 *Die Übergangsgesellschaft.*

1983 Mitglied der Akademie der Künste der DDR.

1984 Lesereihe für junge Autoren im Berliner Ensemble, die zweite Serie wird untersagt.

1986 Bremer Literaturpreis.

1987 *Langsamer knirschender Morgen* erscheint. Zuwahl (aus dem Plenum) in das Präsidium des Schriftstellerverbands.

1988 Reise nach China. *Verheerende Folgen mangelnden Anscheins innerbetrieblicher Demokratie* erscheint. Inszenierung der *Übergangsgesellschaft* und von *Lenins Tod* in Berlin. Auf (wiederholten) Vorschlag der Akademie Nationalpreis 1. Klasse. *Bodenloser Satz.*

1989 *Die Erfahrung der Freiheit* und andere Reden und Texte zur Wende. Berliner Preis für deutschsprachige Literatur.

1990 Reise in die USA. *Böhmen am Meer.*

1991 Im 20er Gremium der Akademie, Mitgründung der Gesellschaft für SINN UND FORM, im Kuratorium der Literaturwerkstatt Berlin.

1992 Schiller-Gedächtnispreis.

1993 Aufenthalt in Rom. *Der Wendehals oder Trotzdestonichts.*

1994 Gast der Universität Swansea.

3

»Wir befinden uns soweit wohl. Wir sind erst einmal am Ende.«

VOLKER BRAUN IM GESPRÄCH MIT ROLF JUCKER

RJ: Bereits in dem sehr frühen Bericht *Der Schlamm* beschäftigst du dich mit Fluchtgedanken, beschreibst, aber verurteilst nicht, das Absetzen in den Westen, betreibst sogar »Beihilfe zur Flucht«. Im *Material IV: Guevara* und auch später immer wieder die Frage: »Soll ich aufbrechen aus meiner Hoffnung . . . Soll ich bleiben.« Wie ernst war dieser Gedanke je?

VB: Was mich an dem Land kleben ließ: »daß es ein andres wurde, wenn ich in kein andres fortging«. Aber es ist kein anderes geworden. Darum das Denken hinaus. Aber der Körper blieb haften. Natürlich schleppte ich ihn bis zum Auffanglager Marienfelde, begleitet vom Bruder in Westberlin – und ging in den Schlamm zurück. Der Körper nahm es auf sich, und der Kopf mußte dagegenrennen. Er stellte Bedingungen.

RJ: Die sogenannten »Ansprüche« (die gerügte *Anspruchsliteratur*). In dem Stück *Die Kipper*: »Seid frei. Ihr habt die Macht.«

VB: Das waren die Vergnügungen. Der Kopf mußte die Frage scharf stellen. Eben weil es keine Antworten gab, keine (Ersatz)lösungen. Für die Dreckarbeit keine Türken: wir waren »unsere eigenen Neger«; für die Ungleichheit keine Demokratie: kein Augenauswischen. Das war ein Standortvorteil der Literatur, sie mußte in das Verhängnis sehn, in den Zusammenhang, die Geschichte.

RJ: In den frühen Gedichten *Provokation für mich* spürt man oft Enthusiasmus, ein Gefühl der Offenheit, der Lust, daß die Welt formbar zu Füßen liege: hattest du ein ähnliches Gefühl 1989, beim Mauerfall? Viele DDR-Bürger bestätigten mir, daß sie sich zu dieser Zeit tatsächlich als Subjekt der Geschichte empfanden, daß sie Dinge, Veränderungen bewirkten, die vorher im Dikkicht der Verhältnisse verunmöglicht waren. War das ein Moment des Blochschen Vorscheins? Lag da, wie Hannah

Arendt in *Macht und Gewalt* formuliert, die Macht auf der Stra-
ße?

VB: Die Lust, »die Bäume unserer Lust« . . . es war das Gras bloßen Wollens. Aber das Jahr 89 (1987 begann nach dem alten
Kalender, 88 der Frühling) war ein Moment des Möglichwer-
dens, des Erlebens historischen Handelns. Der *Vorschein* kommt
ja nicht von vorne, sondern von jetzt, wo das Ersehnte entrissen
wird. Das kann dem einzelnen, aber auch der Gesellschaft
begegnen, als ein Vorgeschmack, als ein Vorgefühl anderer Geschichte. Wenn Seidel in *Transit Europa* den Zug der Wehr-
macht in die Luft sprengt, *erlebt* er, sterbend, den Sieg der
Résistance. Wir haben, geschlagen wie wir sind, unsere Kraft
geschmeckt, die Macht der Menge, wir haben einen Staat verschwinden gemacht, wir haben die Ämter geöffnet. Wir erinner-
ten uns für einen Moment »der Zukunft«, es hat sie gegeben.
Darum waren wir fähig, uns unseres Lebens zu schämen.

RJ: Kannst du dem Urteil zustimmen, daß *Wir und nicht sie* in vie-
lem dein PC-Buch war, dein Buch der *political correctness*? Es ist
dieses Denken der sechziger Jahre, in historisch notwendigen
Fortschrittsbahnen, à la es mag zwar vieles schlecht sein hier,
aber wir sind dem Westen meilenweit voraus. Der ganze Duk-
tus, oft völlig unironisch, nicht-hinterfragt, geht – ohne Belege
zu liefern – von dieser Fortgeschrittenheit aus.

VB: So ist es. Aber so war es nicht: es wurde als inkorrektes Buch
gelesen. Erst der Rechtsanwalt Kaul setzte die Drucklegung
durch; es widersprach »der Politik von Partei und Regierung«.
In Wirklichkeit widersprach es nur Enzensbergers Vers »und
das ist das kleinere Übel« (die Bundesrepublik nämlich). Es ist
ein leibloses Buch, elend dem Zeitgeist verbunden.

RJ: Ein Text aus der gleichen Zeit, *Die Bühne*: was mich daran un-
heimlich geärgert hat, ist die Stellungnahme zu Prag 68. Kast ist
»bestürzt«, aber nicht fähig, einen Kommentar abzugeben; er
zieht sich zurück hinter Geschichte, die »gut oder schlimm«
sein kann, macht den Westkommentar lächerlich und rückt die
Rechtfertigungen nicht zurecht. Er scheint mit der regimetreuen
Interpretation zu sympathisieren. Als dann sein Stück, wegen
des Einmarschs, abgesetzt werden soll, macht er die innerbe-
triebliche Demokratie zu seiner Sache (die Bühne als Raum
sozialer Experimente; Fortschritt nur bei gleichberechtigter Be-
teiligung aller). Warum diese Diskrepanz?

VB: Der Bericht bleibt eng an der Erfahrung. Es passiert, zunächst nebenher, und dann das ganze Interesse fassend, Geschichte: auch in meinem »Namen«, in meiner Verantwortung – der ich nicht gefragt werde, nicht einmal unterrichtet. Das ist das Thema des Textes, das in zwei weiteren Handlungen strapaziert wird, den Vorgängen im weimarer Theater und im inszenierten Stück. Mehr *Erfahrung* hatte ich nicht. Es findet sich aber durchaus eine Wertung der militärischen Aktion, natürlich nicht in den Nachrichten und im Gerede, sondern ins Bild gebracht, und zwar gemeinerweise die Goethe-Zeichnung »Rekrutenaushebung« mit dem Emblem des Galgens im Kranz; dieser Galgen, da an Desertion nicht zu denken ist, steht für die Intervention. Ich verfuhr auch so, den Einmarsch *Kampagne* zu nennen, wie jene Kampagne in Frankreich der Restaurationsarmeen gegen die Revolution. – Aber ein unzureichender Text. Übrigens zeigt er, wie die Körper (der Liebenden) durch die Politik nicht funktionieren wollen.

RJ: Der Liebenden, die das Dröhnen der Panzer hören. – Im Gedicht *Gedankenkinder-Mord* beschreibst du, wie die Politik die Denktätigkeit behindert: »Meine schamhaften Freunde / Die das öffentliche Gerede scheuen / Und vor *Schande* warnen und *Beschmutzung unseres Namens* / Haben mich angestiftet / Zum Mord / An manchem jungen Gedanken / Eh er geboren war. / Ich habe Zukunft, die sich meldete / Nicht zur Welt gebracht.« Hattest du je Angst, die Fähigkeit zum unabhängigen Denken zu verlieren? Welchen Effekt hatte die Zensur?

VB: Es war immer abhängig. – Die Zensur hatte naturgemäß das *Nachsehen*, ich war in der Vorhand. – Die Abhängigkeit, als Elend bewußt, schärfte das Denken. Ohne die *Mitgliedschaft* – ödes Wort – nicht die Obsession der Unabhängigkeit, der Selbstbestimmung. Aber auch der Widerstand vereinnahmt.

RJ: Der Prager Frühling wurde zur Erfahrung in *Lenins Tod*. Darin äußert sich etwas, was man als dein Arbeitsethos bezeichnen könnte: eine »absolute« Verpflichtung zur Offenheit und Wahrheit, selbst wenn man sich dadurch unmöglich macht und isoliert. Trotzki: »Auch wenn er für immer allein bleibt, muß er so ehrlich bleiben.«

VB: Wahrheit, sagt Paul de Man, ein Dekonstruktivist, »ist die Erkenntnis des systematischen Charakters einer spezifischen Art von Irrtum.« Davon sind wir in der Regel weit entfernt. – Die Halbwahrheit ist verheerend genug. Die Oppositionellen verloren die Köpfe, bei Lebzeiten, Stalin plagiierte ihr Denken, und die Körper vegetierten als Unpersonen fort. Kreischende oder kriechende Hüllen, über Nacht weiße Haare. Die Widerrufe aus Sehnsucht, ganz zu sein, den Kopf zu behalten.

RJ: Fällt die Aufrichtigkeit, »schonungslose Wahrheit«, wie es in der *Unvollendeten Geschichte* heißt, heute leichter als zu Zeiten der Zensur? Wie kann man die schwierige Doppelaufgabe lösen, gleichzeitig die eigenen Irrtümer einzugestehn und die erworbenen Einsichten gegen die herein-herrschende Meinung zu verteidigen?

VB: Es ist schwerer im Moment. Weil man zu vieles festhalten will, gegen die abräumende »Macht des Feuilletons«. Es macht den Abwasch, wir sitzen noch vor den Tellern. Das ganze Lokal gehört vielleicht längst der Mafia. Wir sitzen darin mit einer Kantinen-Nostalgie. Denn natürlich folgt dem einen Irrtum der andere.

RJ: In der *Übergangsgesellschaft*, 1982, hattest du die Sozietät *durchschaut*: die DDR als tote Zeit, vertane Chance. FINITA LA COMEDIA! Der Schriftsteller Anton sagt: »Wir haben etwas vergessen, wir müssen zurück . . . Es mag vorwärtsgehn, aber da ist kein Land für uns. Es ist besetzt, hier (schlägt sich an den Kopf) eine Kolonie. Wir zahlen Tribut, an die tote Zukunft. Ja, einmal war es richtig, es war alles richtig. Wir haben die Morgenröte entrollt, um in der Dämmerung zu wohnen.« Was ist in der DDR vergessen worden? Die Lust, die Offenheit, die Nacktheit, die Mette einklagt?

VB: Die Alternativen. Das Beginnen, that's all. Es ging ja gut los, die Bodenreform. Der Volksentscheid in Sachsen. Dann hat man allmählich vergessen anzufangen. Erst das Ende war ein guter Anfang.

RJ: Der Widerspruch zwischen Anspruch und Wirklichkeit, der offenbar produktiver Antrieb der Literatur in der DDR war, stellt sich jetzt in veränderter Weise wieder her: die Verheißungen der Marktwirtschaft, das Versprechen der Demokratie.

VB: Rupert Scholz auf dem CDU-Parteitag 1994, den Delegierten aus Sachsen ins Gesicht: »Die Losung ›Wir sind das Volk‹ war richtig in einem totalitären System, für die Demokratie bedeutet dieser Slogan aber die Diskreditierung unseres parlamentarischen Systems.«

RJ: Der Repräsentativ-»Demokratie«, der Parteienherrschaft.

VB: Es gibt wieder ein *Gefälle* in der Landschaft, wovon Walter Benjamin in den zwanziger Jahren sprach: an dem die Kritiker ihre Kraftstationen errichten. Die Dörfer Potemkin Kohls und die akute Erfahrung des Plattmachens... Und paradoxerweise ist es gerade das *Planieren* des Ostens, das jetzt dieses Gefälle aufwälzt.

RJ: In der kleinen Szene *Die Verstellung* [vgl. Bibliographie No. 61] zeigst du einen bedenkenlosen »Reisenden«, den unbekannten Ostdeutschen im IC Jakob Fugger, der den Fahrplan bestätigt, »den Spielplan, die Komödie«: er nimmt, was sich bietet, und gibt allen Elenden das Beispiel, vergessend was er weiß, daß das Fahrzeug nicht für alle taugt. Im Innersten aber ist der Unbekannte »Kommunist«: ist das am Ende des 20. Jahrhunderts eine realistische Position? Sind die Menschen zur *Gleichheit* fähig? Ist ihre Gutartigkeit noch vorauszusetzen? Müßte man nicht vielmehr mit Müllers Zynismus darauf verweisen, daß die Menschheit sich nicht ändert, daß die Mehrheit aus gierigen, engstirnigen, eifersüchtigen und auf Vorteil bedachten Leuten besteht? Liegt nicht der Grundirrtum jeglicher Haltung, die sich auf die Verbesserung der Welt kapriziert, darin, daß die Menge – Enzensberger zeigt es in *Mittelmaß und Wahn* – keinerlei Absicht hat, sich aus der selbstverschuldeten Unmündigkeit zu befreien, im Gegenteil, sich wohlig und selbstzufrieden darin suhlt?

VB: Wenn nicht wenigstens das halbe Tun und Lassen der Menschheit gut und sorgend gewesen wäre, die Geschichte hätte einen noch katastrophaleren Gang genommen, und wenn wir uns nur noch an der Bosheit delektieren wollten, wäre sie am Ende. Ich sehe nicht, daß der Mensch ein besonders gutes oder besonders schlechtes Wesen ist. Wir machen ihn zu dem Charakterkopf, weil wir zu bequem sind, auf seine Umstände zu schielen. Die Bildzeitung des Kannibalismus ist interessanter, aber eine Mystifikation. Das eigentliche Handwerk, die menschliche Mühe, verkauft sich nicht. – Wir handeln jetzt nicht aus Not, wir sind nur wendig. Der Reisende, der freiwillig Zugestiegne im Reichsbahngebiet, muß sich fragen lassen, wer er ist. Das übersteht er. Er gibt die Frage zurück. Erst wenn der Chef ihn umarmt, »in einem namenlosen Paternoster«, weiß er seine Schuld. – Es ist die Komödie der Menschheit, unter ihrem Wissen zu leben. – Sein Kommunismus ist jenseits aller Politik und

Ideologie, es ist der Hunger der Welt, den er mitschleppt, der
ihm folgt in den Waggon.

RJ: Am Rande: die Rezensenten scheinen, wie bei *Iphigenie in
Freiheit*, nur eine Oberfläche wahrzunehmen, die Ossi-Wessi-
Debatte.

VB: Eine gewisse Aphasie muß man der Literaturkritik zubilligen.
– Ich weiß nicht, ob wir aus der Wende klug geworden sind, im
Westen hat sie manche dumm gemacht.

RJ: Wenn man kontrafaktisch, wie Habermas das nennt, an der
Möglichkeit guter Geschichte, an der vollen »Dialektik der Aufklärung« festhält, mithin um das (schreckliche) Versagen wie
auch das (bescheidene) Gelingen der Vernunft weiß – wie kann
es zu der »friedlichen *anderen* Arbeit« kommen? In deinen frühen Texten ist die Natur Material, das gebraucht, verändert
wird. Diese Sicht hat sich dann radikal gewandelt; im *Bodenlosen Satz* ist die Beziehung zur Natur ein Krieg.

VB: Der Text rechnet ab mit anderen Texten. Die nicht ans Ende
kamen. Das Ende unserer herrlichen harten Arbeit. Es ist nur
ein Satz, den ich sage: wir lieben das Land nicht, »nicht mehr,
noch nicht«. – Auch hier wieder die Körper, die sich liebend
quälen, peinigen, weil sie das falsche Denken nicht ertragen. Es
ist diese Qual, mit der die Vernunft beginnt.

RJ: Freilich der Arbeitslose hat sie nicht. Er will nur wie alle
»Schwellen« die Schienen tragen, »stur wie die Natur . . . im
Dreck stolz / Auf den Stationen der rauhen Strecke.«

VB: Die eine Hoffnung *verkörpern*, und die Leiber wären froh, unter die Räder zu kommen. – Die Natur, die sich wehrt, die zu-
rückschlägt, wenn wir nicht als Gleiche mit ihr umgehn. Das
doppelte Desaster, Arbeitslosigkeit und Naturverwüstung, legt
eine einfache Lösung nahe.

RJ: Die Frage also, »die vertagt scheint / die verschärft wird« mit
der Rückkehr »des alten Personals im neuen Tauris«. Der Kapi-
talismus hat die ganze Welt durchmessen, er kann nirgends
mehr hin, er stößt an die Grenzen eben jetzt, wenn ihm die
Welt gehört. »DIESE WAND – DAS SIND DIE GRENZEN DER ERDE
SELBST, AN DENEN WIR FREILICH ZERDRÜCKT WERDEN KÖNNEN,
WENN WIR DIE VON UNS GESCHAFFENE GROSSE MASCHINE NICHT
ABBREMSEN UND AUFHALTEN, EHE SIE ENDGÜLTIG ANSTÖSST.«

VB: Das war von Bahro, dem Verbannten. Das konnte er erst im
Westen schreiben, im Auge des Taifuns. Der Sieg der Marktwirtschaft hat das Problem herausgetrieben. In der DDR war

unendlich viel Unvernunft, das Ganze wollte etwas sein. Im Westen ist alles einzelne rational und effektiv, aber das Insgesamt ein Unsinn. Es konnte dem Kapitalismus gar nichts Schlechteres passieren als unser Untergang. Gegenüber dem Sozialismus konnte er immer besser sein.

RJ: Die DDR hat im Vergleich zum Westen eine Art Armut gelebt, eine Bescheidenheit. Ich will das nicht beschönigen, auch nicht die ökologischen Folgen. Dennoch ist der marktwirtschaftliche Reichtum ja letztlich eine bodenlose Frechheit durch die Resourcenverschwendung mit seinen 30 Zahnpastas, 50 konkurrierenden Automarken, die lediglich dem schnellen *turnover* zum Zweck der kurzfristigen Profitakkumulation dienen. Dabei ist die beinahe ewige Lampe technisch längst machbar.

VB: Bei NARWA sollte sie produziert werden, 150'000 Stunden Lebensdauer, Werkpreis 4 Mark 55. Der Osram-Konzern versuchte durch seine Agenten bei der Treuhand einen Schließungsbeschluß durchzusetzen, aber der westberliner »Edison« Binninger machte mittels der Commerzbank sein Angebot. Tage später stürzte er mit seinem Flugzeug ab. – Das erhält Arbeitsplätze. »Es sind die Lösungen, die die Probleme schaffen«, sagt der thüringische Finanzminister Zeh, ein Problemanalytiker. Jetzt werden die Fabriken abgewrackt. Die Giftbuden, es war nicht zu hoffen. Wir sind wieder eine Epoche voraus. Die Vorhut des Nachsehns. Die Avantgarde der Niederlage. Die ruhmreich Verarmten. »Die mit vorauseilendem Gehorsam . . . das böse Beispiel geben . . . zugutererst.«

RJ: »Die Zukunft« sagst du in *La Rampa, Habana*, »ist eine Mulattin«. »Die ernste Zukunft, eine Mulattin, teilt' / Mit schmaler Hand das Brot und die Arbeit aus / Nach Nord und Süden und die Wahrheit« (*Tagtraum*). Ich denke nicht, daß das eine Delegierung unserer Hoffnung in die Dritte Welt symbolisiert, wie es in den siebziger Jahren geschah. Aber was bedeutet das Bild?

VB: Es war im heiteren Kuba begreiflich. Die Zukunft bringt ein Gemenge, eine Vermischung. Wir werden sie als Umarmung oder Vergewaltigung erleben. Unser *Anschluß* war eine interne Regelung, schon da wird demoliert. Ein Anschauungsunterricht für die Völker. Jetzt blockieren tausend Kurden die deutschen Autobahnen, in den worst-case-Szenarien umschließen Abermillionen London. Die leeren Reste der Metropolen werden wie Normannenburgen aus den Küsten ragen: die Städte der Waf-

fenhändler. Die alten Zumutungen werden noch einmal Räson:
die Mauer, der Dirigismus und der Schießbefehl, an den Futter-
plätzen. Die dichte DDR, im nachhinein, nur der Pilotversuch
für das Störfreimachen. – Es ist die Zeit, Versöhnungen zu
üben. Aber wir trainieren, mit UNO-Mandat, den Bürgerkrieg.

_RJ:_ Wenn ich deine Texte lese, so scheint mir die passendste Cha-
rakterisierung der Lebenshaltung, die sie ausdrücken: anarchi-
stisch. Kommst du mit diesem Label zurecht?

_VB:_ Alright. Das trifft diese Sucht, herauszufordern, die härtere
Formulierung zu wählen. Im Umgang aber neige ich eher zu
sachten Haltungen, Freundlichkeit; ich machte nicht den Bruch
mit der Gesellschaft, den ich im Schreiben vollzog. Ist es so,
daß der Körper eine Utopie lebt, ein anderes versöhnliches Leben, ich wuchs unter Brüdern auf . . . Die Politik ist auf dem
Papier, eine Extremität, die er wegstreckt; der Körper will die
Entzweiungen, den Streit nicht wahrhaben in seinem Gewebe,
das nicht dafür gemacht ist, und er wird zerrieben, zersetzt.

_RJ:_ Noch ein Zitat aus _Der Schlamm_: »Solange ich in diesem Bett
lag, und es gab diese Frau, würde ich gern alle Kunst seinlas-
sen, ich hatte einen lebendigen Gegenstand.« Ist das eine faire
Beschreibung deiner Absichten? Ist der erfüllte Augenblick Ersatz für Kunst?

_VB:_ Ja, das ist eine immer wiederkommende Empfindung, und der
Satz ist mir bis heute glaublich. Für etwas Greifbares, Lebendi-
ges, eine wirkliche Beziehung – um nichts anderes geht es ja in
der Kunst, und sie kommt aus dem Mangel, dem Verlangen
nach Leben. – Wir sind noch nicht beim Innersten, frag härter.

_RJ:_ »Ich war bis ins Innre ruhig« hieß es am Ende des Berichts von
68 . . .

_VB:_ Aus Entschlossenheit ruhig, aus einer rohen Gewiß-
heit . . . Die Ruhe des Arbeitens ist hin, die Konzentration auf
ein Thema . . . Es ist viel ernster. Mir ist, als hätte ich meinen
Kern verloren, meine Mitte, und könnte nicht mehr vor einem
Blatt sitzen. Es fehlt der gemeinsame Raum, er ist zusammengeklappt.

_RJ:_ Weil Literatur das Wagnis eines Zusammenhangs braucht; weil
sie latent, wie Peter von Matt sagt, »die Allegorie eines kollektiven Weltbilds« ist.

_VB:_ Jetzt streunt das Denken in der Welt, ohne festen Wohnsitz,
und ist noch froh, wenn es ertappt wird. Der einzige Trost: daß
die Welt ein Dorf ist. Wales gleich Sachsen-Halt an. – Bei Brecht

umschloß noch der Prospekt eines sinnlichen, vollen Lebens die Bühne von Puntila und Pierpont Mauler, unsere Horizonte sind verrußt, oder leer. Die Bühne des Establishments ist die Beliebigkeit. Nicht left und right, nur light. Die Bürgerbewegung der letzten Stunde hat sich auch eingerichtet, in der Vergangenheitsverwaltung, eine sichere Immobilie. – Es ist nicht die Zeit für Radikaldemokratie.

RJ: Anton erläutert in der *Übergangsgesellschaft* seinen Kunstbegriff: »Die Literatur hat nur einen Sinn, das wieder wegzureißen, was die Ideologen hinbaun. Das schöne Bewußtsein. [. . .] Ich bin Abrißarbeiter. Krieg den Palästen.« Läßt du das so stehn?

VB: In dem Stück stand der Satz ganz vorn, und ganz weit hinten wurde ihm widersprochen. Die Literatur, die nur niedermacht, und die Ideologie, die etwas vormacht, haben beide das Leben nicht. – Das schöne Bewußtsein bettelt jetzt vorm Bildschirm, und der Körper wird gepäppelt, mit den Wohltaten des Wohlstands, in indischen Restaurants und unter kanarischer Sonne. Wir befinden uns soweit wohl. Wir sind erst einmal am Ende. Mit dem Erkennen kommt die Krise. Ich denke, die Krise hat uns noch nicht ganz erreicht. Sehn wir ihr also entgegen.

4

Gesellschaftsentwurf und ästhetische Innovation – Zu einigen Aspekten im Werk Volker Brauns

WALFRIED HARTINGER

Dem Kritiker, Freund und Symphatisanten des Dichters, mit »ähnlichem Leben«, mit »beruhigend ähnlichen Geschichten«[1] wie der Autor, mit dem gleichen Erlebnis von gesellschaftlichem Aufbruch, von Stagnation und Niedergang, wird das Werk Volker Brauns zum Spiegel des eigenen Werdens, eines gelebten Lebens. Das ist sein Vorteil und sein Nachteil im Umgang mit dem Werk Brauns zugleich: Er ist zu sehr Betroffener, als daß er sich ruhig und gelassen den Texten nähern könnte; als Insider aber kann er womöglich mit seinen eigenen Erfahrungen für die Qualität des Werkurteils bürgen. Letzteres scheint deshalb für das Werkverständnis Brauns von besonderem Belang, weil dieser Schriftsteller, wie vielleicht kein anderer, DDR-Befindlichkeiten als Ausgangspunkt seiner literarischen Recherchen nahm, in diesem Gemeinwesen seinen Stoff zum Leben und Dichten suchte.

In die Texte Volker Brauns vom Anfang der sechziger bis zum Ende der achtziger Jahre ist DDR-Geschichte eingeschrieben – in den Lebenskonstellationen, die erinnert werden; im Begehren und in den Sehnsüchten der Sprecher und Gestalten, die sich zu Wort melden oder im dramatischen Spiel agieren; in künstlerischen Fügungen, die Nähe und Distanz zum Lebensprozeß, zu politischen und kulturpolitischen Vorgaben signalisieren. Die DDR bot ihm, nach eigener Aussage, »die Möglichkeit kritischer, widerständiger Anteilnahme, also in der gemeinsamen Arbeit (z.B. am Theater) gemeinsam etwas zu wollen. Es war Arbeit immer auch an einer Utopie.«[2] Es beunruhigte und erzürnte ihn, »daß diese Arbeit zusehends ins Nichts lief; verwüstet, verunmöglicht durch die ›Konsolidierung‹.«[3] Solche spannungsvolle Gebundenheit an das im östlichen Deutschland unternommene Gesellschaftsexperiment hat auch die Kritik rückschauend vermerkt:

Zuzeiten der DDR hat Volker Braun in etlichen Erzählungen, Theater-
stücken und Gedichtbänden sein großes Ja zum Sozialismus formuliert,
mit so vielen kleinen Neins angesichts der realen Verhältnisse, daß diese schließlich sein glaubwürdiges Ja nahezu unterdrückten. Auch im
westlichen Deutschland hat Volker Braun, der gewiß kein Dissident
war, damit zunächst immer wieder Aufmerksamkeit gefunden.[4]

Nicht der von jenem Kritiker dann gestellten Frage, welche Folgen
solcher »Verlust der Mitte« für die Produktion des Autors hat, soll
hier nachgegangen werden. Viel mehr interessiert uns, wie sich
heute, angesichts des Untergangs der DDR, einer zu verarbeiten-
den Niederlage, Texte – in bisher zehn Bänden versammelt – lesen,
die noch in der Entfernung in enger Beziehung zur DDR
entstanden sind. Verraten sie nichts anderes als bornierten Provinzialismus? Erscheinen sie nur noch als Dokumente der Auseinandersetzung in einer historisch überholten Zeit? Sind sie also nur
noch von chronikalischem Interesse?

Nicht die Analyse stofflich-inhaltlicher Problemfelder oder spezifischer Textsorten, nicht die Erkundung des literaturgeschichtlichen
Zusammenhangs soll daher im Zentrum der Untersuchung stehen:
uns geht es um den literaturkritischen Umgang mit älteren Texten,
im Zeichen der Intentionen des Autors, die den Werken eingeschrieben und in den Notaten reflexiv ausgestellt sind.

In der *Leipziger Vorlesung* (1989) hat Volker Braun in »herausge-
griffenen Sätzen« die eigene Poetik zu charakterisieren versucht. Im
Mittelpunkt der Schreib-Intentionen erscheint immer wieder die
Erkundung von Widersprüchen. Es heißt dort unter anderem:

der Widerspruch als Wechselwirkung zweier existierender Gegensätze,
die einander bedingen und zugleich ausschließen

      das Alte/Neue   } im selben Menschen
      das Gute/Schlimme } in selber Gesellschaft
[. . .]
der Widerspruch, ›die Wurzel aller Bewegung und Lebendigkeit; nur
insofern etwas in sich selbst einen Widerspruch hat, bewegt es sich, hat
Trieb und Tätigkeit‹ (so sagt es Hegel, *Logik II*)
[. . .]
      wenn man nur einseitige Fakten gelten läßt, werden sie der Ar-
      mierungsstahl einer anderen Bauweise: der der Ideologie. Die
      Ideologie braucht Beton, sie macht Bunker. Oder sie planiert, ei-
      nen sturen Weg. Sie zeigt nicht, wie es weiter geht

Entwicklung: das ist Einheit und Kampf der Gegensätze

> die Widersprüche aushalten, nicht zuschütten, nicht die ›Einheit‹
> retten (die Hegelsche ›Einheit im Wesen‹): es ist nun handgreif-
> lich, was Marx damit meinte, daß ihr ein <u>tieferer Widerspruch</u>
> zugrunde liege, ein Widerspruch im Wesen, der den Mann/die
> Frau, die Gesellschaft (und gegebenenfalls das Publikum) zer-
> reißt, der die Existenzform sprengt – (X 178–9)

Und Braun zitiert in solchem Zusammenhang den Satz von Peter
Weiss: »Die schmerzliche Verunstaltung des Menschen unter der
Wucht der Destruktion widersprach der Ansicht der Partei, daß
der Kämpfende in jeder Lage seine Stärke und Einheit beizubehal-
ten habe.« (ebd., 180)

Solcherart programmatische Auslassungen bestätigen zunächst
das, was die Kritik bislang als Spezifika der literarischen Produktion dieses Autors heraushob: ein Einmischen in die öffentlichen
Belange, ein Setzen nicht auf den Status, sondern den Prozeß, ein
Brechen von (kultur-) politischen Tabus, das Befördern einer –
sozialistischen – Demokratie, im Sinne der Mitbeteiligung aller, all
dies als das eigentliche Arbeitsfeld der literarischen Anstrengungen
Brauns.

Solche Wertungen sind auch nicht von der Hand zu weisen – im
Widerstreit mit in der DDR herrschenden Auffassungen, mit einer
politischen Praxis, die nicht selten den Bürger entmündigte, in
Auseinandersetzung mit Angepaßten und Opportunisten im eigenen Land ist in der Tat dieses Werk entstanden. Sie fixieren aber,
und das ist die Gefahr, Braun allzusehr an DDR-Politik und -ge-
schichte. Mit Respekt wird zwar von Kritikern des In- und Auslan-
des wahrgenommen, wie mutig der Autor Tabus gebrochen hat
und sich im Widerstehen übte – aber all dies erschien häufig in der
Braun-Rezeption entweder als rein politisches Korrektiv oder als
Botschaft aus einem irgendwie seltsamen Land, das solche Helden
wie seine eben nötig hatte. Unterbelichtet bleibt dabei, daß für
Braun das Land DDR Lebensstoff und exemplarischer Epochenvor-
gang zugleich war: an ihm konnte »abgearbeitet« werden, was eine
moderne Zivilisation betraf.

Die in der *Leipziger Vorlesung* gebrauchte, aber zugleich in Frage
gestellte Vokabel der »Einheit« will nicht nur philosophisch kom-
plementär zum Kampf der Gegensätze verstanden werden, sondern
auch als eine Kategorie, die einerseits zum Widerspruch reizt, andererseits zu einer lebbaren Alternative führen könnte.

Sieht man genauer darauf, so wird man entdecken, daß die in der DDR am häufigsten gebrauchte Vokabel die der Einheit war. In immer neuen Verknüpfungen tauchte sie auf: »Einheitspartei«, »Einheit von Volk, Regierung und Partei«, »politisch-moralische Einheit des Volkes«, »Übereinstimmung von persönlichen und gesellschaftlichen Interessen« usw. Im Gegensatz dazu galten als Reizworte all jene, die die Nicht-Einheit fixierten. Sie wurden zwischen »Individualismus« und »Pluralismus« angesiedelt und deuteten auf Zweifel, ja Skeptizismus, auf Zwietracht, ja Gegnerschaft. Als Kampf-Worte waren jene Wendungen anzusehen, in denen sich die propagierte Notwendigkeit zur Einheitsfindung ausdrückte: »sich in Übereinstimmung bringen«, »den Standpunkt von Partei und Regierung einnehmen«, »sich den Klassenstandpunkt aneignen«. Ersetzt man den Einheits-Begriff durch den der »Aufhebung der Widersprüche« und übersetzt man »Nicht-Einheit« als »Entfremdung«, dann erscheint die beabsichtigte Homogenisierung der Gesellschaft als Reflex auf die Jahrhundertproblematik, als historische Alternative zur sozusagen uneinheitlichen, schwer durchschaubaren, zu schwierig zu lenkenden und leitenden modernen bürgerlichen Gesellschaft. Die Einheitskonzeption bezog ihr theoretisches Fundament aus dem Marxismus. Dieser wird darin praktiziert wie pervertiert zugleich: praktiziert insofern, als es

das Ideal von den Gemeinschaftsinteressen [gibt], mit denen sich alle gleichermaßen identifizieren können, den Traum von der einfachen Aufhebbarkeit der Widersprüche, die ja mit der kapitalistischen Herrschaft so scharf hervortreten. [. . .] [Marx'] Ideal ist eine Unmittelbarkeit, in welcher letztlich alles aufgeht. In der kein Recht und kein Markt mehr gebraucht werden und auch keine Politik im eigentlichen Sinne, weil alle mehr oder weniger die gleichen Interessen haben und sich somit alles selber reguliert. [. . .] Seine Grundvorstellung oder seine Heilserwartung war und blieb, daß eben dies geschehen werde.[5]

Der Marxismus wurde aber auch insofern pervertiert, als alle Voraussagen von Marx und Engels über die zukünftige Gesellschaft auf dieses Identitäts-Muster bezogen, Differenzierungen nicht oder kaum beachtet wurden. In der allgemeinen Lesart hieß es, daß für die Klassiker des Marxismus die freie Entwicklung aller die Bedingung für die freie Entwicklung eines jeden sei, während es im Originaltext des *Kommunistischen Manifestes* gerade umgekehrt bestimmt und formuliert worden ist.[6]

Diese Einheits-Konzeption bezog ihre praktische Legitimierung aus der wirklichen Bedürftigkeit der Menschen in einer modernen Welt (seit dem 19. Jahrhundert generell, im 20. Jahrhundert mit zwei Weltkriegen, mit Auschwitz und Hiroshima, im besonderen). Sie reagierte zugleich auf die barbarischen (nationalen) »Einheiten«, die der Nationalsozialismus herstellen wollte, also auf Gespaltenheit, Verlorenheit, Geworfensein vieler Menschen in diesem Jahrhundert. Damit versicherte sie sich all jener kulturgeschichtlichen Überlegungen und Utopien, die, im Gedächtnis der Menschheit gespeichert, gerade nicht-entfremdete Existenz heraufbeschworen: Favorisierungen (z.B. der deutschen Klassik) sind dabei nicht zu übersehen wie Abwertungen eines Bewußtseins der Moderne, das der Dissoziation des Subjektes, der Welten innerhalb der Welt gewahr wird. Diese Einheits-Konzeption legitimierte sich nicht zuletzt aus dem Sieg über den Faschismus, der im allgemeinen Bewußtsein (vielleicht zu verengt, aber nicht gänzlich unberechtigt) wesentlich durch die Sowjetarmee erreicht wurde. Das in der Sowjetunion propagierte (einheitliche) Gesellschaftsprogramm galt auch daher als Vorbild für eine im östlichen Teil anzustrebende Gesellschaftsentwicklung; ganz abgesehen davon, daß die UdSSR, als Besatzungsmacht in diesem Gebiet, das Programm des Neuaufbaus, spätestens seit 1948 unter stalinistischen Vorzeichen, bestimmte.

Wenn Volker Braun in der *Leipziger Vorlesung* von »Einheit« spricht, ist dieser gesamte Kontext mitzudenken. Wenn die Partei, historisch wohl legitimiert, von »Einheit« sprach, dann wollte sie diese von oben durchsetzen, gesellschaftliche Synthesis über eine vertikal strukturierte Zentrale, das alte, unveränderte patriarchalische Gefüge herstellen. Die »Einheit« wurde entworfen und fixiert vom Politbüro der Partei, von ihrer Umsetzung waren die Masse der Bevölkerung, mithin der einzelne, weitgehend ausgeschlossen. Diese »Einheit« war zu bestätigen, nicht zu erstreiten. Es wurde von den jeweiligen Führungskadern bedacht und gewußt, was für den einzelnen und die Gemeinschaft das »Beste« sei. D.h., die Partei ging im Prinzip immer schon von der hergestellten Einheit aus, nicht von einer, die sich im Gefüge der gesellschaftlichen Beziehungen immer wieder in Frage stellt, um erneut Gemeinschaft zu schaffen, die sich dann abermals relativiert . . .

Wenn die Partei – u.a. auch im Kulturbereich von der »Einheit von Geist und Macht«, der »Einheit von Kunst und Leben« ausgehend – als Kriterien für eine Bewertung der Kunst all jene favorisierte, die ihr Eingebundensein in die Einheits-Konzeption nicht leugnen können (»typische Charaktere unter typischen Umständen«: nicht nur »Konflikte ausstellen, sondern deren Lösung zeigen«, also wiederum die »Einheit« im »Kampf der Gegensätze« betonen; den Helden als in sich geschlossene, positive Gestalt zu profilieren; Totalität der Wirklichkeit im Kunstwerk zu fordern, was letztlich darauf hinauslief, die positiven und negativen Elemente der Realität sozusagen wieder zu ihrer »Einheitlichkeit« zu führen), dann erwünschte sie eine Kunst, die die propagandistisch vorausgesetzte »Einheit« zu bestätigen hat.

Volker Braun ist der Dichter der »beweglichen Einheit der Widersprüche«. Als theoretische Formel begegnen wir ihr zum ersten Mal im Vortrag *Über die Bauweise neuer Stücke* (1973); darin heißt es:

> Das Offene kämpft mit dem Geschlossenen an allen Fronten, der Sozialismus ist gerade die bewegliche Einheit dieser Widersprüche. Je bewußter die Individuen, [. . .], desto entschiedener werden sie diese produktive Spannung äußern [. . .]: die Spannung zwischen der längst nicht mehr »unbestimmten Ungeheuerlichkeit« ihres Zwecks (von der Marx sprach) und ihrem wirklichen, nicht mehr zu unterbrechenden Lauf. Die Spannung, nicht die Spaltung. (IV 301–2)

Aber sie ist nicht an dieses Moment gebunden; sie erscheint – in Variationen – vorher und begleitet das Schaffen Brauns bis zur (eigentlich auch von ihm angedachten) Wende und über diese hinaus: mit diesem Begriff befinden wir uns im ideellen Zentrum des Braunschen Werkes.

Was bedeutet ihm diese Formel, warum wählt er gerade sie? Warum läßt sich womöglich aus ihr auf die charakteristischen Intentionen dieser gesamten literarischen Arbeiten schließen?

Zunächst einmal widersetzt sich Volker Braun mit einer solchen Denkrichtung einer – hier schon charakterisierten – erzwungenen, vorformulierten, normativen »Einheit«, wie er sie in den staatlich-politischen und ideologisch-kulturpolitischen Strukturen und Orientierungen erlebte. Im Politischen, indem er immer wieder das Verhältnis von Führung und Geführten thematisiert (nicht zuletzt in allen *Hinze-Kunze*-Geschichten) und als unangemessenes Verhältnis von Über- bzw. Unterordnung im Sinne falsch verstandener »Einheit« kritisiert.

Im Kulturpolitischen, indem er ständig die »Vorgaben« unterläuft: Nicht den Status (die schon erreichte »Einheit«) feiert, sondern auf den Prozeß setzt, nicht die Eingemeindung des einzelnen in den Staat als Ereignis und gewissermaßen Abschluß einer Entwicklung charakterisiert, sondern die Ansprüche der Individuen groß ausstellt; nicht die Lösung von Konflikten – im Textverlauf – anstrebt, sondern tendenziell ihre Lösbarkeit; nicht den erwünschten positiven Helden vorführt, dessen Handlungen zur Nachahmung veranlassen sollen, sondern den, der, sich seiner selbst nicht sicher, um produktive Erweiterung seiner Existenz, um Aufhebung seiner Identität als einer schon festgelegten ringt.

Die Stichworte, hier an beispielhaften Gedichten herausgehoben, die Braun einem sensibilisierten Bewußtsein signalisiert, sind demonstrativ und deutlich und schon Ausdruck eines historisch veränderten Blickwinkels: »Kommt uns nicht mit Fertigem« ('Anspruch' [I 51], als Abwehr des Vollendungs-Ganzheits-Konzept der sechziger Jahre), »Das kann nicht alles sein« ('Allgemeine Erwartung' [IV 102], als Reaktion auf propagierte Erfüllungen in den siebziger Jahre), »Du mußt die Grenze überschreiten« ('Das innerste Afrika' [VIII 89], als Aufforderung in den achtziger Jahren, aus staatlich gesetzten Zwängen auszusteigen, das Unerhörte zu wagen, um bei sich selber anzukommen oder zu bleiben und die eigene Existenz, angesichts der Stagnation in den politischen und sozialen Apparaten, überhaupt progressiv zu erhalten).

Solches Insistieren auf einer »beweglichen Einheit« will aber auch als innerliterarischer Diskurs verstanden werden. In analytischer Annäherung an und freundlicher Distanz zu einem seiner frühen Gesprächspartner, dem »Dichter der Einheit« Georg Maurer[7], führt Braun Einheitlichkeit und Bewegung zusammen: Die Übereinstimmung mit dem verehrten Lehrer und Kollegen ist im Titel des Gedichts ('Der Unsere' [III 98–9]), der den Titel eines Werkes von Maurer selbst aufnimmt und variiert, wie in der Zielvorstellung der gemeinsamen Anstrengungen fixiert. Aber während der eine den schon fertigen Bau feiert (»hier ist es/ Wofür alles geschieht«), schlägt sich der andere, »Müde im Stahl«, in den Mühen des Alltags, die für ein solches Resultat notwendig sind.

Schließlich aber – und das ist das Entscheidende – kann die Formel weder nur im innergesellschaftlichen Diskurs noch nur im innerliterarischen begriffen werden. Dann wäre sie letztlich nur in DDR-Geschichte und DDR-Literatur beschränkt verhaftet. Daß sie mehr meint, verrät bereits ein Gedicht aus Volker Brauns erster Sammlung von 1965, das bezeichnenderweise 'Jazz' heißt:

Das ist das Geheimnis des Jazz:
Der Baß bricht dem erstarrten Orchester aus.
Das Schlagzeug zertrommelt die geistlosen Lieder.
Das Klavier seziert den Kadaver Gehorsam.
Das Saxophon zersprengt die Fessel Partitur:
Bebt, Gelenke: wir spielen ein neues Thema aus
Wozu ich fähig bin und wessen ich bedarf: ich selbst zu sein –
Hier will ich es sein: ich singe mich selbst.
Und aus den Trümmern des dunklen Bombasts Akkord
Aus dem kahlen Notenstrauch reckt sich was her über uns
Herzschlag Banjo, Mundton der Saxophone:
Reckt sich unsere Harmonie auf: bewegliche Einheit –
Jeder spielt sein Bestes aus zum gemeinsamen Thema.
Das ist die Musik der Zukunft: jeder ist ein Schöpfer.
Du hast das Recht, du zu sein, und ich bin ich;
Und mit keinem verbünden wir uns, der nicht er selber ist
Unverwechselbar er im Lieben, im Haß. (I 60)

Im einleuchtenden Grundbild entwirft Braun hier ein Programm
der »beweglichen Einheit«, das zwar aus konkret erfahrener (DDR-)
Wirklichkeit erwächst, aber gleichsam wie ein neues Kompositions-
gesetz der Beziehungen menschheitlicher Verhältnisse zu lesen ist.
Ein »gemeinsames Thema« – die »Einheit« – ist vorgegeben. Aber
innerhalb dessen »spielt jeder sein Bestes aus«, schafft also differen-
zierte Bewegung innerhalb der Einheit. Und aller Begehren ist gegen erstarrte – staatliche – Einheit, gegen die Geistlosigkeit der
Lieder, gegen anspruchslose, apologetische Literatur, gegen den
»Kadaver Gehorsam« (überraschend, wie der Dichter die Bestand-
teile trennt), gegen die Fesseln des Vorgegebenen gerichtet. Und –
das könnte im schnellen Verständnis des Textes vergessen werden
– aus dem gemeinsamen Musizieren, aus gemeinschaftlicher, aber
den einzelnen nicht behindernder, sondern beflügelnder Tätigkeit
findet das vereinzelte Individuum zu seiner eigenen Natur. Die
Wortwahl charakterisiert den elementaren Vorgang: ausbrechen,
zertrommeln, sezieren, zersprengen . . .
   Im Klartext fallen, in einer Anekdote den Komponisten Paul
Dessau betreffend, die Leitworte für Volker Brauns Begehren, die
erst eigentlich die angestrebte »bewegliche Einheit« legitimieren:
»Dessau, wofür man ihn auch nehmen mochte, war ein Souverän
mit kommunen Interessen. Er war für die Naturalisierung des
Menschen, für die Egalisierung der Verhältnisse.« ('Sicht auf eine
neue Gattung', VI 26) Für Braun ist in die Bewegung die Naturali-

sierung, das Finden der eigenen Natur eingeschrieben, in die »Egalisierung der Verhältnisse« die Einheit, in die »bewegliche Einheit« der immerwährende Kampf, der jetzt eigentlich erst, unter den neuen Verhältnissen, auf die Tagesordnung gesetzt werden kann. Voraussetzung aber für ein Konzept der »beweglichen Einheit« ist für den Dichter Volker Braun die revolutionäre Veränderung der Eigentumsverhältnisse. Bezeichnend dafür der Abschnitt 'Hinzes Bedingung' in den *Berichten von Hinze und Kunze*:

> Als Hinze einmal im anderen Teil des Landes war, wurde er gefragt, warum er denn nicht, der drüben Schwierigkeiten habe, bleiben wolle. Hinze antwortete so: Ich saß heute morgen auf der Alm über der Stadt und sah in das liebliche Land hinein. Ich hatte gerade diesen Wunsch, den Sie vermuten. Es muß fabelhaft sein, aufblickend von der Arbeit da hineinzublicken. Ich bleibe sofort. Aber, fügte er hinzu, ich stelle eine kleine Bedingung. Ich bin anspruchslos, der Rat muß diese weißen Fabriken im Tal, die den Drahtfabrikanten gehören, bekanntlichen Milliardären, enteignen. Nur diese Bedingung: es gehört zu meinen primitivsten Lebensvoraussetzungen, nicht auf privates Eigentum zu sehn. Man musterte Hinze mürrisch. Sehen Sie, sagte er, es ist mir schon physisch zuwider. Es bereitet mir körperliches Unbehagen. [. . .] Ich habe keine Lust, mich so alten Problemen gegenüberzusehn, vom schönsten Berg herab nicht! Ich kann womöglich keine anderen Gedanken mehr fassen, jedenfalls nicht solche, die Schwierigkeiten machen. – (VII 13)

Aber die Änderung der Produktionsverhältnisse ist für Braun wirklich erst die Grundbedingung für ein wechselseitiges Spiel der Kräfte; die »andern Gedanken« kommen, wenn dieses Spiel ermöglicht ist, aber dennoch die Platzverhältnisse dieses erschweren:

> [. . .] das Volkseigentum an PM ist nicht DIE LÖSUNG der sozialen Fragen, sondern der erste große Schritt dahin, noch erhalten ist aber »die knechtische Unterordnung der Individuen unter die Teilung der Arbeit« (Marx). Das bedeutet (obwohl alles wenn nicht »unvergleichlich«, so doch vergleichlich anders als im Kapitalismus ist) noch immer Verstümmelung der Produzenten durch ihre Produktion, das bedeutet (weil nicht so sehr die horizontale Arbeitsteilung zwischen Chemiker und Bäcker, sondern die vertikale zwischen Apparat und Bevölkerung das Problem): noch immer Subordination, Herrschaft, und es bedeutet [. . .]: noch immer das Privileg auf entwicklungsfördernde Tätigkeit und Ausbildung für einen Teil der Jugend, die Einordnung in die (in diesem Sinne) unterprivilegierten Schichten für den anderen Teil, und zwar ab dem sechzehnten Lebensjahr und hunderttausend-

fach, wie es die gegenwärtige Struktur der Ökonomie verlangt. Die
geteilte Arbeit teilt die Chancen, die Rechte, die Individuen, die Gesellschaft noch immer. Dies ist allerdings das zarte und rauhe Material der
Literatur. Nur eine harmlose Sicht sieht das Leben harmloser werden.
[. . .] Wo sich die Gesellschaft die Gleichheit aller ernstlich vorgenom-
men hat, werden die Konflikte, die aus den unhaltbaren Strukturen
herrühren, deutlicher empfunden und die Risse, die durch die Gesellschaft laufen, unannehmbarer.[8]

Unter neuen Voraussetzungen und unter noch unzureichenden
Strukturen kämpft Braun, und eben vorrangig mittels Literatur, um
Herstellung solcher »beweglicher Einheiten«: der Kampf wird ihm
zum eigentlichen Movens seines Lebens (»Die Bewegung ist erst
schön, nicht, was still liegt.«[9]), die Literatur erscheint ihm als gün-
stiges Erkundungs- und Experimentierfeld[10], der (wenn eben auch
noch verkrüppelt, in Larvenform erscheinende) Sozialismus wird
für ihn zur historischen Alternative in der Menschheitsgeschichte.[11]

Die Felder der Auseinandersetzung Brauns sind vielfältiger
Natur. Der Schriftsteller arbeitet sich an vielfachen aktuellen wie
geschichtlichen Konstellationen ab, greift aber immer wieder vor
allem jene Konflikte heraus, in denen Einheit und Bewegung, ge-
meinschaftliches Interesse und individuelles Begehren, Sinnlichkeit
und Sinn, Bewahrung und Unterwerfung der Natur in einer Weise
auseinanderdriften, daß die erforderliche »bewegliche Einheit« ver-
hindert, behindert oder überhaupt in Frage gestellt wird.

Daß Braun einer zentralistisch verordneten »Einheit« quersteht,
kann als tragende Orientierung für sein Schaffen markiert werden.
Diese Haltung ist seiner Poetik immanent (bzw. seine Texte erhalten daraus ihre Spezifik), bleibt aber auch punktuell dort zu entdecken, wo sich in historischen Situationen sozusagen die Geister
scheiden. So spricht der totkranke Lenin (»wieder mühsam, leise«)
in *Lenins Tod*: »Die Einheit. Und wenn es gerade diese ›Einheit‹ ist
. . . wenn Stalin – die uns lähmt? Die Einheit heißt nicht . . . einer
– würde die Partei reglos, sprachlos.« (III 145) Später wird es,
schon angesichts der Wende, heißen: »Die Einheitspartei repräsen-
tiert weniger als je die Einheit, selbst wenn sie sich demokratisierte
bis zur Verdünnung.«[12] »Denn das macht die Partei frei, macht sie
erst zur *Partei*: daß sie dem Absolutismus entsagt, in ihrem Orga-
nisationsprinzip wie in der Beziehung zum Staat. Die Macht zu
sichern, in dem sie sie der Partei sicherten, das war der säkulare
Irrtum der Kommunisten.«[13]

Im Blick behält Volker Braun aber immer, daß »unterhalb« der dirigierten Einheit die Möglichkeiten des selbstbewußten Eingreifens in gesellschaftliche Prozesse zu wenig genutzt werden. Von daher gesehen, tendieren Position und Haltung Brauns auch zur Provokation der Individuen, der Leute, der eigenen Person: »Meine elende Schwäche ist den Helden meiner bisherigen Stücke beinahe zum Charakter geworden«, heißt es in dem Aufsatz 'Provokateure oder: Die Schwäche meiner Arbeit' aus dem Jahre 1968:

> Der Kipper Paul Bauch, der mit seinen Ansprachen an Dreck und Himmel aufbricht in die Illusion der schönen Arbeit – und schlimm auf den Boden [der »unschönen« Tatsachen – W.H.] geholt wird. Der Maurer Hinze, der auf dem Trümmerberg »gleich alles ändern« will, oder der Schlosser (und Funktionär) Kunze, der ihm mit bitterem Spott alles zu nichts macht, damit er wieder »gut verzweifelt« ist und brauchbar. Das sind alles Provokateure, also doch sehr bedenkliche Leute. (II 243)

In ähnlicher Weise wie die Grundprofile der dramatischen Gestalten, wollen auch die Titel zahlreicher Gedichtbände Brauns gleichsam provokative Stichworte in die festgefahrenen Situationen und Strukturen werfen: *Provokation für mich* (1965), *Wir und nicht sie* (1970), *Gegen die symmetrische Welt* (1974), *Langsamer knirschender Morgen* (1987). Und auch ein epischer Text wie die *Unvollendete Geschichte* (1975) will schon in der Titelei als Affront gegen die erwünschten, abgeschlossenen Geschichten gelesen sein.

Alle diese literarischen Provokationen – darin liegt ihr gemeinsamer Bezugspunkt – wenden sich gegen Selbstbescheidungen und Versimplifizierungen eines Lebens, das bei aller Veränderung eben immer noch »gebremst« ist, in dem Menschen sich auf eine Rolle festlegen lassen im »gesellschaftlichen Interesse« (*Hinze-Kunze-Roman*, VII 49). »Bewegliche Einheit« bedeutet in diesem Zusammenhang, daß weder die Aufopferung des einzelnen für die Gemeinschaft noch die Selbstherrlichkeit des Subjekts der produktiven Ausschöpfung der menschlichen Natur zuarbeiten. In einer kritischen Rezeption des Goethe-Gedichts 'An den Mond' heißt es im Verstext Brauns:

> [. . .]
> Und nicht langt mir, nicht ruhig
> Macht nun der eine mich;
> Nicht glücklich kann ich verschließen
> Mich mit ihm vor der Welt

[. . .]
Zu den verstreuten, tätigen
Gefährten, wer es auch sei, muß ich kommen, und nie
Verlassen den großen Kreis

Und was ich beginne, mit ihnen
Bin ich erst ich
Und kann leben, und fühle wieder
Mich selber in meiner Brust. ('Im Ilmtal', IV 78–9)

Nach der Wende von 1989 klingt es im wichtigen Text 'Mein Eigentum' elegisch-enttäuscht eingefärbt: »Wann sag ich wieder *mein*
und meine alle.« (X 52)

Aber gleichermaßen wird eben auch, vom Anbeginn seines
Schreibens, die Unterordnung des Individuums unter die vorgege-
bene Einheit abgewehrt:

Nachts im Ratskeller warf ich Frank beiläufig vor, daß er <u>noch</u> eine
Funktion angenommen habe in einer Kommission, daß er jede Arbeit
annehme, wenn sie nur als dringlich ausgegeben werde – und sich
selbst vernachlässige, nicht genug aus <u>sich</u> mache! [. . .] Ich sagte aber:
freilich müsse man sich einsetzen, aber sich selbst dabei »realisieren«!
[. . .] Ja, die Gesellschaft bildet uns aus, aber wir können nicht mehr
so stur und ausgerichtet herleben und uns zu <u>etwas</u> machen und sonst
nichts. Das ist nicht mehr natürlich, sondern ein blöder Zwang – auf
den wir bequemen Apparate allerdings schnell geeicht sind. Nur durch
unsere ganze Person wird die Gesellschaft natürlich: zu unserer Natur.«
(*Der Hörsaal*, II 23–4)

In der Tat: auf Naturalisierung des Menschen und Egalisierung der
gesellschaftlichen Verhältnisse läuft bei Braun alles zu. Das Ver-
öden, ja letztlich Ausbleiben dieser Prozesse wird beklagt, ihre
Verhinderung und Verzerrung satirisch abgestraft, mit »gemischten
Gefühlen« harrt der Dichter seiner Entschlüsse. Aber: nicht an der
»beweglichen Einheit« scheitern seine Helden, nicht an ihr verzweifelt der lyrische Sprecher und epische Erzähler, sondern an der
Starrheit und letztlich gewaltsamen Regressivität, die eine staatlich
gesetzte »Einheit« allen Versuchen entgegenbringt, das ganz Andere, Befreite zu probieren und in die Welt – wirklich in die Welt
und nicht nur das eine Land – zu setzen.

Auf die Frage des Kritikers Klaus Winzer: »Welche Ihrer thema-
tischen, motivlichen, strukturellen oder technischen Entdeckungen
beziehungsweise Erfindungen sind Ihnen besonders wichtig?«,

antwortete Volker Braun im Jahre 1978: »Das ist eine glänzende
Frage. Es wäre nur dumm, sie zu beantworten, weil ein Dutzend
Rezensenten von dem Brei zehren würde, statt ins rohe Buch zu
schauen. Dies Völkchen pflegt sich an Sätze zu halten wie der Blin-
de an den Stock. Aber wirklich, wenn ich Ihnen eine Frage vor-
schlagen sollte, dann diese.« (VI 254)

   Es ist verständlich, daß der Schriftsteller die Frage des Kritikers
nicht beantwortet. Aber es ist zu bedauern, daß Winzer an dieser
Stelle seine eigene Meinung nicht unterbreitet, weil sie den Autor
denn doch zur Stellungnahme herausgefordert hätte. Zugegeben, es
ist nicht leicht, die ästhetischen Innovationen im Werk Volker
Brauns angemessen zu qualifizieren. Sie müssen und können aber
ausgemacht werden, um den Rang der literarischen Werkstatt
Brauns zu kennzeichnen. Um eins schon vorab zu sagen: Braun ist
Philosoph, Historiker und Schriftsteller (womöglich noch Politiker)
in einem, d.h. in einem eigenartigen, ausgewogenen Verhältnis.
Das ist wohl einerseits seiner Prädisposition geschuldet – er hat
seiner Neigung entsprechend Philosophie studiert; er hat sich vom
Anfang seines bewußten Denkens an in die Belange der Gemeinschaft einmischen wollen, als Verfechter des Prozeßgedankens
mußte er sich mit Notwendigkeit geschichtlich orientieren, als
sprachmächtigem Menschen schien ihm die Literatur das adäquate
Ausdrucksmittel. Andererseits aber ist solche Flexibilität, solch
universelles Interesse auch dem Erlebnis eines gesellschaftlichen
Um- und Aufbruches verhaftet: in solchen Zeiten, das kann litera-
turgeschichtlich vielfach belegt werden, sind häufig Schriftsteller
gedrängt, neue Gesellschaftsentwürfe zu erarbeiten, so wie Braun
jene der »beweglichen Einheit«, sind sie bemüht, sich dadurch ins
Einvernehmen mit Historikern zu setzen (vgl. *Literatur und Geschichtsbewußtsein*, IV 309), in Flugschriften (wie z.B. Brauns Text
'Was bleibt zu tun?' [V 273ff.]) direkt politische Energien zu mobi-
lisieren. Ob in solchem Diskurs die eine Intention die andere behindert, bleibt eine interessante, hier nicht verfolgbare Frage; aber
es könnte sein, daß womöglich über längere Zeit der Philosoph den
Dichter unter Druck setzte (auch dazu gibt es exemplarische litera-
turgeschichtliche Parallelen, z.B. den Fall Friedrich Schiller). Unter
solchen neuartigen Bedingungen literarisch zu arbeiten, in denen
alles, für seine und meine Generation zumal, ein Anfang ist, hat
aber noch weitere Konsequenzen. Für diesen Schriftsteller und sein
Schreiben gab es zu Beginn seiner Produktion wenig bildungsmä-
ßig gesichertes Hinterland: er kommt, wie viele von uns, nicht aus

den kulturellen Traditionen eines Bildungsbürgertums, sondern aus einer Schicht, in der Lesen nicht unbedingt Lebensbedürfnis und Wertmaßstab war. Er orientiert sich zunächst an dem im Literaturunterricht damals gängigen Kanon (der in der DDR eine Favorisierung der Literatur der deutschen Klassik, von v.a. sozial-kritischen Texten des 19. Jahrhunderts, von sozialistischer Literatur des 20. Jahrhunderts und eine Abwertung der Literatur der Moder-ne festschrieb), und er sucht, symptomatisch für diese Generation, lebendigen Kontakt zu jenen Persönlichkeiten, die, aus der humani-stischen Tradition, aus dem antifaschistischen Widerstand, der künstlerischen Avantgarde herkommend, nach Kriegsende im öst-lichen Teil Deutschlands wirkten – zu Georg Maurer, Hans Mayer, Paul Dessau beispielsweise. Schriftsteller der vorausgegangenen Generation, etwa Heiner Müller, haben zu Beginn des Neuaufbaus nach 1945 oft einen anderen Lektürehorizont, begegneten schon den Werken Friedrich Nietzsches, Ernst Jüngers u.a.[14]

Ein solcher Autor wie Braun sieht sich auch in einer grundsätz-lich gewandelten literarischen Kommunikation: im Bedürfnis, für viele zu schreiben (und eben nicht nur für eine Elite, weil Gleich-heit grundsätzlich zum Programm seiner Produktion gehört), wählt er zunächst eine Ausdrucksweise, die auch jene erreichen soll, die in der Rezeption künstlerischer Angebote nicht trainiert sind. Und für die Produktion, unter solchen Voraussetzungen, ist charakteri-stisch, daß sie sich ständig auf der Suche nach Kompositionsgeset-zen der künstlerischen Arbeit befindet, die zugleich neuen »Kompositionsgesetzen« menschlichen Zusammenwirkens zum Durchbruch verhelfen könnten:

> Unser Mangel also [. . .] unser säkularer Mangel: wir verfügen nicht über die Kunst, die ihrer Mittel sicher wäre. Die mit ihren Griffen die Vorlage, das Leben, zur traumhaft deutlichen Gestalt bringt. Unsere Kunst stellt ihren Gegenstand immerfort infrage, sie kämpft mit ihm: und wird nicht fertig. Sie ist danach. Abgearbeitet, fehlerhaft, experi-mentell, oder wie sonst sich heute das Klassische zeigt, das größte Maß der Freiheit. (*London/ Berlin*, IX 193)

Dies gilt besonders für einen Autor, der sich auch in unterschiedli-chen Gattungen ausprobieren will und dadurch zwangsläufig nach der Spezifik und Wirkungsweise verschiedener Textsorten fragen muß, auch danach, in welchem Verhältnis die Genres der Dichtung hinsichtlich ihrer Wirkungstechnologien zueinanderstehen. Braun ist im Mit- und Gegeneinander von Lyrik, Epik, Dramatik, von Essayistik und politischer Publizistik nicht fremd, es scheint ihm womöglich als Übersetzung der »beweglichen Einheit« aus dem politischen Raum in die literarische Produktion durchaus angemessen, wenn denn die Kritik beachtet, daß das eine kontemplativ zum anderen gefügt wird, das eine eben nicht das andere einfach nur kommentiert (verhängnisvoller Irrtum der Literaturwissenschaft, daß poetologische Auslassungen direkt das Werk interpretieren; sie sind häufig eher als Korrektiv, als Ergänzungen des literarischen Textes zu verstehen). Im multikomplexen Bezug wollen die verschiedenartigsten Äußerungen Brauns gelesen und bedacht werden – eine Chance, die uns zum erstenmal mit leichtem, komplettem Zugang die zehnbändige Werkausgabe bietet. In solcher Bezüglichkeit ist freilich nicht zu übersehen, daß Braun zunehmend über die Einsatz- und Funktionsmöglichkeiten der literarischen Gattungen kritisch nachdenkt:

> Es ist schwierig, in Umbruchszeiten, mit allen Gattungen zu arbeiten, denn arbeiten heißt sie entwickeln. Ich habe nur wenig Prosa geschrieben. Die Wirkung von Prosa ist schwer kontrollierbar. Rezensionen imitieren Öffentlichkeit; in ihnen wird der private Kunde oft zu allgemein, und die Allgemeinheit oft zu offiziell. Im Theater passiert die Auseinandersetzung mit dem Publikum direkt und öffentlich. Solange die Literatur nötig hat, Kollektivität zu befördern, kann sie das besser in Formen tun, die einen kollektiven Vorgang enthalten.[15]

Ein Jahrzehnt später äußert sich Braun gegenüber Peter von Becker und Michael Merschmeier zu dieser Problematik:

> B: Der Konfliktstoff, indem ich grabe, ist zu unverarbeitet, zu ungestalt, als daß er eine Theaterfabel bilden könnte; er hat noch keine Gestalten . . . [. . .] Mit Beteiligten, durchaus, aber was ihre Rolle ist, was ihre Schuld ist an dem menschlichen Konflikt mit der Natur, das muß erst ein beobachtender Text ergründen, die umsichtige Prosa, ehe der Exekutor, das Theaterstück, seinen Schnitt macht –
> B/M: Deshalb arbeiten Sie in mehreren Gattungen?
> B: Ja, wenn man nicht aufs Literarische gespitzt ist, oder besser gesagt aufs Formale, sondern einmal lebt in dem Text. Da ist die Empfindung, die Erkundung, die ihre Formen brauchen. Theater ist die letzte Instanz des Urteils.
> B/M: Im Theater wird es ernst?

B: Den Ernst hat auch ein Gedicht, das auf seine Weise ans Ende geht. Im Theater ist sozusagen das Material gesichtet, es kann wirklich verhandelt werden.[16]

Alles in allem gesehen, befindet sich Braun, wie sollte es anders sein, in einem langen Lernprozeß. Wie sollte er sich äußern im Wissen um bildungsmäßige, literatur- und philosophiegeschichtlich auffällige Defizite, in der unzureichenden Erfahrung eines Widerspruchsfeldes zwischen Programmatik und Realität, in der wohl ungewissen, aber erhofften, zu erstrebenden Perspektive, die gesellschaftlich angekündigt, aber durch eine Einrichtung ersetzt wird, die zunehmend jede Bewegung zum Stillstand kommen läßt (»aus der bewegten Zeit in eine stehende fallen« [*Rimbaud. Ein Psalm der Aktualität*, VIII 15]).

Die das literarische Werk ständig begleitenden selbstkritischen Auslassungen Brauns in Schriften, Notaten und Interviews dokumentieren – wie selten bei einem Schriftsteller in solcher Dichte, Schärfe und Kontinuität – die immer wieder gewagten, vorherige Arbeitsweisen hinter sich lassenden, Neuansätze. Bei einem Autor solcher Prägung und eines solchen Anspruchs treten womöglich ästhetische Innovationen nicht vom Debüt an in Erscheinung, wenngleich schon in frühen Texten nicht zu übersehen ist, daß das philosophisch-poetologische Konzept hartnäckig nach einer charakteristischen Ausdrucksweise drängt. Zu überwinden sind wenigstens zwei Widerstände: Der eine besteht in der Fesselung an eine Provinz, die letztlich die DDR doch darstellte. Der andere ist in der Beschränkung auf das Wort, die Geste, die Argumentation zu sehen, in der ungenügenden Differenzierung der Strukturen, die in sich die »bewegliche Einheit« (im obigen komplexen Verständnis) austragen könnten.

In der Lyrik[17], mit der der junge Volker Braun zuerst bekannt wird, bestehen von vornherein zwei Möglichkeiten, die »bewegliche Einheit« in menschheitlicher Dimension aufzuschließen: das Gedicht tendiert, vor allem in Zeiten begonnener gesellschaftlicher Aufbrüche (und als solche sind die beginnenden sechziger Jahre nochmals innerhalb der DDR-Geschichte, und zwar direkt auch in den damals veranstalteten, sehr bekanntgewordenen Lyrik-Meetings, zu verstehen), zur Wortmeldung, zur Proklamation, zum Auf- und Zwischenruf. Der jeweilige Charakter solcher Wortmeldung wird sowohl von der Sache, um die es geht, vom bisher in der Debatte gezeigten Bewußtseinsstand des angesprochenen

Forums als auch vom Verständnis und Begriff der Sache, wie sie
die lyrische Gestalt, der Sprecher erreichte, bestimmt. Steigerungen,
Wiederholungen, Imperative, unregelmäßiger oder unvollständiger
Satzbau forcieren rhythmisch-syntaktisch die Rede. Der krasse
Vergleich, die überraschende, überdimensionierte Metapher, die
ironisch-satirisch intendierte Wortwahl bzw. Umdeutung von Wendungen und Sprichwörtern kennzeichnen die Verwendung des
lexikalisch-bildlichen Materials. Aus all diesen Elementen entsteht
ein Redegestus, der unmittelbar kommunikativ motiviert ist.»Bewegliche Einheit« soll hergestellt werden über die provokant versuchte, und das ist in der sozialistischen Dichtung durchaus ein
Novum, »Anstiftung«, Mobilisierung aller brachliegenden Kräfte
für die gemeinsam zu betreibende, schon begonnene Sache – der
Autor ist Rhetor innerhalb dieser für ihn notwendigen Verständigung. Bornierter Provinzialismus kann dabei dadurch abgewehrt
werden, daß die der Lyrik immanente Chance genutzt wird, zwischen Enge/Nähe und Weite/Distanz radikal »kurzzuschließen«:
»In den rötlichen Abenden liegen wir auf den Wurzeln und erhe-
ben unsere Gedanken ins Quadrat« ('"Zum Sächsischen Jäger"', III
47). Dennoch werden in der eigenen Rückschau des Dichters diese
Anfänge einer unerbittlichen Kritik unterzogen:

> Diese Frühphase unseres Dichtens [. . .]: eine Papierwelt, angelernt.
> Brecht, Majakowski, Neruda, Whitmann, Weimar. Kindlich versifiziertes
> Programm, von sozialer Erfahrung kaum betroffen. Wirklich eine *Provo-
> kation für mich* – und anders als ichs dachte. Der Zeitungsgeist, aktioni-
> stisch tönend. Auf Stelzen über die Tatbestände: ohne den Boden der
> Poesie zu berühren.« (*Rimbaud*, VIII 14)

Der nach *Provokation für mich* zweite publizierte Gedichtband unter
dem Titel *Wir und nicht sie* versucht »bewegliche Einheit« dadurch
zu befördern, daß nicht der Appell für sie (wie im ersten Band)
eingeschrieben wird, sondern daß sich im Vorgang des Gedichts –
in der Analyse, nicht der Emphase – Bewegung in der Einheit/
Einheit in der Bewegung übermitteln läßt. Die Gedichte reprodu-
zieren kämpferische Anstrengung (Bewegung) und erreichte/mög-
liche Auflösung (Einheit) der Gegensätze in ihrer Struktur: »Ich
kriege keinen Prozeß in ein Gedicht, wenn ich seinen Gegenstand
nicht in Gegensätze, widersprechende Parteien aufspalte, die sich
bekämpfen und bewegen und so die Bewegung des Gedichts schaffen.« ('Notizen', II 102) In der Mehrzahl der Texte wird in Rede,

Gegenrede und dann versuchter synthetisierender Zusammensicht durch den lyrischen Sprecher – wie beispielsweise besonders einsehbar im Gedicht »Bleibendes« (II 68), das auffällig diese Arbeitsweise verrät – die Dialektik der verhandelten Sache freigelegt. So bleibt zwar nicht eine »Papierwelt«, aber sie macht die zu bearbeitende Welt zu einer, die allein von objektiven Gesetzmäßigkeiten her bestimmt erscheint: es ist ein fataler Selbstlauf, der das Gedicht organisiert, und es ist ein Voluntarismus, der objektiv notwendige Lösungen prognostiziert. Selbstkritisch bekannte Braun dazu:

> Der operative Sinn der Gedichte war, und ihre Struktur sollte das transportieren: auf die offenen Enden unserer Revolution hinauszulaufen. Es lag in der Natur der Sache, daß ich daran ging, Vorgänge in ihren Widersprüchen zu fassen und den widersprüchlichen Gang im Bau der Gedichte widerscheinen zu lassen. In dem Band hatte vieles Persönliche, Intime keinen Platz; der Puritanismus der Form hängt damit zusammen.[18]

Puritanismus aber sollte in einem Konzept, das auf »bewegliche Einheit«, also auf Freiheit, Eigentümlichkeit, Spezifik, Vielfalt, nicht auf orthodoxe Unterschiedslosigkeit, Unterordnung – unter welche Gesetzmäßigkeit auch immer – keinen Platz haben (ob bei einem solchen Verfahren Braun dabei durch vorgeprägte Muster, z.B. der Sonett-Theorie J.R. Bechers, von diesem v.a. im Exil praktiziert, beeinflußt war, kann hier nicht erörtert werden).

Im dritten, 1973 erschienenen Gedichtband Volker Brauns, *Gegen die symmetrische Welt*, teilt sich ein individuell sehr viel genaueres, spezifischer ausgeprägtes lyrisches Subjekt mit, das die Geschichte des Landes nicht mehr »nur« als kollektive Anstrengung (wie in den vorausgegangenen Texten), als ständig notwendige Herausforderung an einzelne wie an die Gemeinschaft entwickelt. An eigenen Lebenskonstellationen, Beziehungen, Problemebenen des Autors wie an denen anderer Menschen wird jetzt abgelesen, wie sich in einer beanspruchten, aber längst noch nicht realisierten »beweglichen Einheit« wirklich leben läßt. In bezeichnender Wahlverwandtschaft mit Friedrich Hölderlin, der nun bevorzugt gleichsam als Kronzeuge einer solchen Befindlichkeit aufgerufen wird, erscheint nun in den Versen sowohl die Unzufriedenheit mit einer begrenzten, mehr statischen als beweglichen Existenz (»Ich lebe nicht oft wirklich« ['Die Austern', IV 74]), als auch das große Begehren nach universeller Gemeinschaftlichkeit (»Das kann nicht

alles sein« ['Allgemeine Erwartung', IV 102]). Die lyrische Gestalt
besitzt daher nicht mehr vorrangig die Sprechhaltung des Propa-
gandisten oder die des größere Gemeinschaften vertretenden Kom-
mentators; sie stellt sich als ein im Alltag, in den gewöhnlichen
Tatsachen lebendes Individuum aus und artikuliert persönliche
Betroffenheit angesichts erlebter Stagnation, feiert aber Momente
einer »beweglichen Einheit« – erlebbar in den kleineren Gruppen
des persönlichen Lebensumkreises – als kostbares, zu verteidigen-
des Gut. Die Nähe der Verse jetzt zu den Lebensprozessen selbst
ermöglicht dem Leser einen hohen Grad an Identifikation, verhin-
dert aber womöglich, da der verallgemeinerte Übersetzungsgrad
von Realität in Dichtung geringer ist, eine gleichsam alle Sinne, alle
Gedanken anspannende Verarbeitung des Textes beim Rezipienten.

Im vierten und fünften Gedichtband (*Training des aufrechten Gan-
ges*, 1979, *Langsamer knirschender Morgen*, 1987) findet bei Volker
Braun ein substantieller Umbau des ästhetischen Gefüges statt, der
sich vorrangig in den Gruppen *Stoff zum Leben 1 und 2*, in den
'Material-Gedichten' äußert. Um die qualitative Veränderung zunächst einmal vereinfachend zu kennzeichnen: Braun sucht nach
Formen/Strukturen/Techniken, die die »bewegliche Einheit« nicht
behaupten, herausfordern oder in den »Formen des Lebens« artiku-
lieren, sondern als ein Jahrhundert, ja ein Jahrtausendproblem, als
Kampf widerstreitender Interessen (auch im Denken des einzelnen), als ein Miteinander von Vergangenheit und Zukunft im
gegenwärtigen Welt-Sehen und Welt-Verstehen des Sprechers, als
eine vielleicht vergebliche, aber hinwiederum im Interesse menschheitlicher Perspektiven nicht aufzugebende Verpflichtung erscheinen lassen können. Die Montage-Technik, die vor allem nunmehr
ästhetisch innovativ eingesetzt wird, funktioniert in den Texten auf
vielfachen Ebenen: in der Zitation des philosophischen, historischen, insbesondere des literarischen Erbes (mit Entdeckungen aus
der Antike, dem Mittelalter, der frühbürgerlichen Revolution, aus
der klassischen deutschen Dichtung und Philosophie sowie der
sozialistischen Tradition des 19. und 20. Jahrhunderts), in der Zitation von Textsegmenten aus dem eigenen, früheren Werk; in der
optisch-graphischen Kennzeichnung der unzureichenden, daher
durchgestrichenen, aus dem Denk- und Schreibvorgang ausgewie-
senen Notierung; in der daraus resultierenden Nicht-Befolgung
syntaktischer, grammatischer Regeln und Normen, im Einsatz des
abgebrochenen Satzes, in der eingerückten, vorgeschobenen, vari-
ierten, ausgelassenen Zeile, Halbzeile, in der Wortneuprägung, in

der tradiertes Bild- und Symbolgut aufhebenden Metaphorik. Historisierung des eigenen und des kollektiven Denken als Arbeitsprozeß (beweglich in der Einheit), Denken in der Struktur des Widerspruchs sind Absicht und Ertrag solcher Technologie. Damit ist bei Volker Braun der Anschluß an eine Dichtung der Moderne gewonnen, wenngleich nicht eingeebnet werden darf, daß, bei aller strukturellen Verwandtschaft, dennoch Unterschiede in den Intentionen, den Ein- und Aussichten philosophischer Art weiterhin zu beachten sind: Braun rechnet nunmehr mit Unsicherheiten, hinterfragt die selbstsicheren Konzepte, ohne ihre programmatischen Perspektiven aufzugeben. Anthonya Visser beschreibt die Bezüge Brauns zu einem, von ihm selbst zitierten Dichter, zu T.S. Eliot:

> Eliots Text stellt [. . .] die Dekadenz der modernen Welt in seinen Bildern dar und stellt mit Bedauern fest, daß die alten Mythen und Rituale nicht mehr gelten, ohne daß jedoch versucht wird, einen Raum zu schaffen, in dem ihre Wirksamkeit wiederherzustellen wäre. [. . .] [Deutlich wird,] daß es Eliot nicht darum zu tun war, Einsichten zu gewinnen in die unbewußten Beweggründe menschlichen Handelns, daß er solche, wenn sie zu entstehen drohen, sogar zuzudecken bestrebt ist. In Brauns Text werden verschiedene literarische Traditionsstränge aufgegriffen und im Hinblick auf ihre Brauchbarkeit gerade bei dem Versuch, Triebfedern menschlichen Verhaltens aufzudecken, im neu entstehenden Text hinterfragt.[19]

In unseren Blickwinkel gesetzt: Braun prüft, vornehmlich mittels seiner Montage-Technik, die vielfache Assoziationen ermöglicht, in welchem historischen Kontext das Programm einer »beweglichen Einheit« steht, wo einem solchen schon vorgearbeitet wurde, was ihm entgegensteht, wo solche »Vorarbeit« zu korrigieren ist durch zeitgenössische Erscheinungen, welche subjektiven Erschütterungen/Entscheidungen notwendig sind, um dennoch eine derartige – historisch eben doch herangereifte – Suche nach neuen Organisations- und Kommunikationsmustern der Menschheit nicht ins Leere laufen, in der Illusion zerrinnen zu lassen.

Der Umbau der ästhetischen Konzeption, der überhaupt erst solche neuen Strukturen ermöglicht, gründet auf folgenden andersartigen Prämissen: Zum einen ging Braun zunächst, gleich seinem Lehrer Georg Maurer, davon aus, daß das historisch Neue, das mit dem Sozialismus ins Werk gesetzt wurde, als das grundsätzlich Andere, Alternative, sich nicht mit vorausgegangener Menschheitsgeschichte und dem Denken über sie (gespeichert in literarischen, philosophischen, wissenschaftlichen Dokumenten) vergleichend ins Verhältnis setzen lasse. Im Jahre 1972 erklärt Volker Braun, im Interview mit Silvia Schlenstedt:

> Ich habe ein großes Mißtrauen gegen die bei uns gängige Methode, antike Stories zu benutzen, um Probleme unserer Revolution abzuhandeln, ein Verfahren der Sklavensprache, die die Literatur bis heute fließend beherrscht. Es ist aber im Grunde nicht legitim, heutige Inhalte mit den Vorgängen der Klassengesellschaft zu transportieren, das ist unfair. [. . .] Da werden nur Erscheinungen gefaßt, und nur vergleichsweise. Um aber die Gesellschaft ganz zu fassen, bedarf es, bei ihrer neuen Struktur, eines viel radikaleren Umgangs mit diesen Archetypen, weil, wie Maurer sagte, was sechstausend Jahre stimmte, bei uns nicht mehr stimmen muß. (IV 288–9)

Braun korrigiert bzw. modifiziert in den endsiebziger, achtziger Jahren solche Vorstellungen: der Dialog, das Streitgespräch mit der Geschichte, mit den Vorgängern wird möglich, ja notwendig, weil die dort entwickelten Fragestellungen und Utopien als unabgegolten, als noch über das Gegenwärtige weisend, begriffen werden. Zum zweiten überschreitet Braun als Dichter die Grenzen seiner bisherigen Identität. Im Essay *Rimbaud. Ein Psalm der Aktualität* – einem Text aus dem Jahre 1984, der die veränderte poetologische Verfassung des Dichters sehr ausdrucksvoll dokumentiert – zitiert Braun den französischen Dichter:

> *Es geht darum, durch ein Entgrenzen aller Sinne am Ende im Unbekannten anzukommen. Die Leiden sind gewaltig, aber man muß stark sein . . . Es ist falsch, wenn einer sagt: ich denke. Man sollte sagen: es denkt mich . . . Ich ist ein anderer. Schlimm genug für das Holz, das als Geige erwacht . . .* (VIII 18)

Mehreren Welten in einer kann nun auch (als andere Seite der »beweglichen Einheit«) ein Subjekt begegnen, das mehrere Ichs in sich hat und sich dazu bekennt.

Zum dritten sieht sich Braun, ganz im Gegensatz zu seinen schriftstellerischen Anfängen, in den achtziger Jahren einem Gemeinwesen gegenüber, in dem »Geschichte auf dem Abstellgleis« (ebd., 15) steht, Heilsgewißheiten früherer Jahre verflogen sind. Weil sich der Dichter realistisch nicht mehr aus angenommener »beweglicher Einheit« begreifen kann, muß die festgefahrene Einheit wieder in die Beweglichkeit geführt werden: nicht durch

Ausstieg aus den Erscheinungen, sondern durch schonungslosen, keine Seite des Lebens aussparenden Realismus:

> Mein Paradies wurde vom roten Soldaten geöffnet, mit dem der Genosse Haltsmaul auf die Welt gekommen ist. (Es ist eine Steilküste: jetzt reißt der Himmel auf, der Sperrmüll der Revolution ragt bis in den Schritt). Was kann ich für euch tun, meine dunklen Brüder. Keine Gesten mehr: Wenden wir uns um in unser Unglück. Gehen wir wieder in das alte Land hinein. Keine Ausflüchte; wir müssen ins Innere gehn. Das ist ein schrecklicher Gang: in das Ende der Schrecken. Kommunismus oder Barbarei. Wir werden den Kontinent nicht verlassen. Die Unterdrückung begraben wir auf diesem blutigen Grund. Über den Gräbern empfange ich den Auftrag. Die Paradiese nicht noch die Hölle: der *Aufenthalt auf Erden*. Realismus. (ebd., 35–6)

Die über eine solche Programmierung in der Lyrik erreichten Innovationen finden ihre Entsprechung auch in den epischen und dramatischen Versuchen Brauns im letzten Jahrzehnt. Im Detail kann dies hier nicht mehr ausgeführt werden, aber es sei angedeutet: in Korrespondenz zu den lyrischen Texten ist auch für die Arbeiten in den anderen Gattungen charakteristisch, daß Braun nach Ausdrucksformen sucht, die unter den neuen Aspekten die »bewegliche Einheit« vermittelbar machen. Auch in ihnen ist nicht zu übersehen, daß der Schriftsteller Zeit braucht, um funktionierende strukturelle Elemente zu finden, zu erfinden, vielleicht auch neu zu beleben, die in sich die Qualität solcher Einheit austragen können. Für die ersten epischen Ansätze ist bemerkenswert, daß Braun die zu unterschiedlichen Zeiten entstandenen, autobiographisch stark eingefärbten (auch in der Ich-Perspektive geschriebenen) Berichte *Der Schlamm*, *Der Hörsaal*, *Die Bühne* erst dann für den Druck freigibt, wenn sich in der Erarbeitung die Stationen des individuellen Lebens als verschiedene Möglichkeiten (als »bewegliche Einheit«) einer gesamten Existenz und verschiedener Eingreifweisen in die gesellschaftlichen Sachverhalte lesen lassen – als Arbeiter, Student, Intellektueller, Bühnenautor; daß Braun später die »Reihe« der Gestalten noch um die des Funktionärs erweitert (*Die Tribüne*), zeigt nur, daß der Schriftsteller bemüht ist, die eigene Lebensgeschichte als einen Fundus vielfacher symptomatischer Grundsituationen auszustellen. In der *Unvollendeten Geschichte* wird wiederum mit authentischem Material gearbeitet. Überhöht wird der Vorgang nicht nur durch eingefügte Träume, einmontierte Zitate (z.B. Georg Büchners), sondern vor allem durch eine die Erzählung konstituierende Problemschicht: durch das Nicht-miteinander-Sprechen wird die »bewegliche Einheit« verfehlt. Die wesentlichen Innovationen gelingen Braun durch die Übernahme eines substantiell dramatischen Prinzips in ein episches Gewebe. Und zwar kann dieses Einfügen in zweifacher Hinsicht entdeckt werden: einerseits als ein Verfahren der Dialogisierung generell; andererseits als eines, dessen Protagonisten Braun selbst im dramatischen Versuch zu- und gegeneinander gestellt hat: die Hinze- und Kunze-Konstellation, die des Leitenden und die des Geführten, überträgt Braun auf den epischen Diskurs. Die Aufspaltung eines zusammengehörenden, einheitlichen Willens in zwei Denkfiguren, der philosophische Diskurs, erlaubt es Braun (in Wiederbelebung einer Tradition, die nicht zuletzt von Diderot getragen wurde), die Einheit als eine bewegliche, die Bewegung in ihrer Einheitlichkeit vorzustellen, daß weder die eine noch die andere das letzte Wort hat. Die aus solcher einheitlich gefügten Beziehung ausbrechenden Frauengestalten signalisieren die Einheit einer ganz anderen beweglichen Ordnung und erweisen sich am Ende häufig als die überlegeneren. Jedenfalls sind Texte wie *Berichte von Hinze und Kunze*, der *Hinze-Kunze-Roman*, *Die Kur*, *Der Freizeitpark* und – nach 1989 geschrieben – *Der Wendehals* von solchem Dialektisieren geprägt.

Auch in den dramatischen Arbeiten vor allem der letzten Jahre bemüht sich Braun um qualitativ neue Elemente: »Vieldimensionalität«, »Komplexität der Handlung«, »universale Sicht«: »Es geht gar nicht mehr nur um Wandlung von Figuren, es geht um das Entstehen und das Lösen gesellschaftlicher Widersprüche: eben um die Veränderung der Gesellschaft.« (*Über die Bauweise neuer Stücke*, IV 302–4)

Die Schwierigkeiten, die einem solchen anspruchsvollen Programm entgegenstehen, sind unübersehbar. Die ersten Stück-Versuche, vor allem im Umkreis der *Kipper*, sind gewissermaßen Provokationen: sie wollen Einheit über ungebärdige Ansprüche herstellen, die Bewegung schaffen. In immer neuen, schwierigen Erfindungen wird von Braun DDR-Wirklichkeit (in *Tinka*, *Schmitten*) als Erkundungsfeld einer erwünschten, aber zugleich behinderten »beweglichen Einheit« aufgerufen, so daß mitunter die Gefahr entsteht, den Problemen einer Provinz verhaftet zu bleiben. Die Einsicht, historisches Material nicht als »Sklavensprache«, sondern als »Modellfall für Aufbruch und Versacken von Geschichte«[20] nutzen zu können, kommt den dramatischen Versuchen in doppelter Hinsicht zugute: als Möglichkeit, im historischen, nicht mehr zu erfinden Stoff (vielleicht auch in »größere(r) Drastik und Komik der Darstellung«[21]) aktuelle Probleme zu analysieren und diese zugleich geschichtlich zu situieren – das ist das Thema ab Ende der sechziger, Anfang der siebziger Jahre. Und als Chance, nunmehr aktuelle Befindlichkeit unmittelbar oder mittelbar durch historische Befunde kommentieren zu lassen: die Anachronismen, die in Stücken wie *Dmitri* und *Siegfried Frauenprotokolle Deutscher Furor* aufscheinen, wie die aus Segmenten deutscher Geschichte zusammengesetzte Folge von *Simplex Deutsch*, die aus »rückläufiger Chronologie« vergegenwärtigte Geschichte von Tod und Leben Guevaras, die mit tradiertem Material arbeitende *Übergangsgesellschaft*, verraten die übereinstimmende Intention Brauns: nach einer historisch möglichen, immer wieder durch Zwänge (ebenso jenen der Profitgesetze wie jenen der Apparate) verhinderten, aber erhofften, benötigten »beweglichen Einheit« zu recherchieren.

Der Traum scheint nach der Wende von 1989 ausgeträumt: »Die Ruhe des Arbeitens ist hin, die Konzentration auf ein Thema . . . «, sagt Braun. Und weiter: »Es ist viel ernster. Mir ist, als hätte ich meinen Kern verloren, meine Mitte, und könnte nicht mehr vor einem Blatt sitzen. Es fehlt der gemeinsame Raum, er ist zusammengeklappt.« (vgl. oben Kapitel 3, 28) Als diese Mitte versuchten wir für die literarische Werkstatt des Dichters Volker Braun das Programm der »beweglichen Einheit« auszumachen und unter verschiedensten Gesichtspunkten zu markieren. Heiner Müllers Aussagen, in anderem Zusammenhang gegeben, könnten, leicht variiert, auch für das Werk Brauns gelten:

> Für das Westpublikum klingt das Stück [lies: dieses Programm – W.H.] wie ein goldenes Märchen, daß jemand mal solche Ideen gehabt haben kann. Und sie haben keine Abwehr dagegen, das ist was, was für sie überhaupt nicht mehr denkbar ist. Und hier gabs mal was, wo so was gedacht werden konnte.[22]

Was aber gedacht worden ist, kann auch nicht mehr zurückgenommen werden, bleibt auch dann in den Gesprächen, im Streit, im Nachdenken, wenn die Umstände dagegensprechen. Und warum sollte ein so auf Menschenhilfe ausgerichtetes philosophisch-ästhetisches Konzept wie das der »beweglichen Einheit« nicht im Problemhorizont der Menschen, auf ihrer Tagesordnung bleiben?

Anmerkungen

[1] Volker Braun, *Die Bühne*, in ders.: *Texte in zeitlicher Folge* (Halle; Leipzig, Mitteldeutscher Verlag, 1990), III, 39. Die 1989–1993 erschienenen 10 Bände der *Texte* werden für den Rest des Bandes im Text zitiert mit Bandnummer Seitenzahl (z.B. IV 56).

[2] 'Antworten auf Fragen von Stefan Moses' (X 201).

[3] Ebd.

[4] Heinrich Vormweg, 'Ziellos in der Fußgängerzone. *Der Wendehals*: Volker Brauns Unterhaltung mit dem abgewickelten Genossen Schaber', *Süddeutsche Zeitung*, No. 80, 5.4.1995, L5.

[5] Jean Villain, 'Gespräch mit Michael Brie', *Sinn und Form*, 42 (1990) 5, 957f.

[6] Vgl. Stephan Hermlin, *Abendlicht* (Leipzig, Reclam, 1979), 22f.

[7] Vgl. Walfried Hartinger, 'Nachwort', in Georg Maurer, *Werke in zwei Bänden*, hg. v. Walfried und Christel Hartinger und Eva Maurer (Halle; Leipzig, Mitteldeutscher Verlag, 1987), II, 493ff.

[8] 'Interview mit Bernd Kolf' (IV 316–17).

[9] Paul Bauch in *Die Kipper* (I 173).

[10] Vgl. 'Rose Paal und der Aufstieg der Lyrik' (VI 245).

[11] Vgl. 'Antwort auf (verlorene) Fragen von Wilfried Schoeller' (VII 227f.).

[12] 'Rede auf der Veranstaltung »Was tun?« am 3.12.1989 im Friedrichspalast in Berlin' (X 171).

[13] Ebd., 169.

[14] Vgl. Heiner Müller, *Krieg ohne Schlacht* (Köln, Kiepenheuer & Witsch, 1994), 33, 35, 46.

[15] 'Interview mit Bernd Kolf' (IV 315).

[16] 'Die Kunst – als Streit der Interessen (Gespräch mit Peter von Becker und Michael Merschmeier' (IX 194–5).

[17] Die folgenden Ausführungen zur Lyrik Brauns bauen auch auf Materialien auf, die gemeinsam mit Christel Hartinger erarbeitet wurden.

[18] 'Interview mit Silvia Schlenstedt' (IV 278–9).

[19] Anthonya Visser, *Blumen ins Eis* [vgl. Bibliographie No. 550], 161–2.

[20] 'Warum wähle ich diesen alten Stoff? Flüchte ich aus der Gegenwart?' (V 262).

[21] Ebd.

[22] Heiner Müller, »*Zur Lage der Nation*«. *Heiner Müller im Interview mit Frank M. Raddatz* (Berlin, Rotbuch, 1990), 97.

5

Von der »Ziehviehlisation« (1959) zur »ZUVIELISATION« (1987): Zivilisationskritik im Werk Volker Brauns[1]

ROLF JUCKER

> Wir gingen nicht zuboden: wir
> Waren obenauf: wie von den Fischen im Strom die
> Stinkenden, toten. (III 76)

Man könnte einen Ausspruch von Christoph Hein umschreiben und für Volker Braun formulieren:»Ich nehme außerdem für mich in Anspruch [. . .] elfmal das Ende der westlichen Zivilisation beschrieben zu haben.« Damit ist bereits der zentrale Punkt benannt: Meines Erachtens können wir die Qualität und Tiefendimension vieler DDR-Texte mit der heute üblichen reduktionistischen, 'landeskundlichen' Lektüre als Texte nur über die DDR nicht ergründen; vielmehr müssen wir sie lesen als Literatur, die in unsere heutige globale Situation eingreift.

Nun ist das weder eine Spezialität Volker Brauns noch der DDR-Literatur insgesamt. Heutzutage – mehr als 20 Jahre nach der Veröffentlichung des ersten *Club of Rome*-Berichts *Grenzen des Wachstums*, in Marshall McLuhans bestens vernetztem 'global village', wo dank dem 'fashion-victim' Chaostheorie auch der berühmt-berüchtigte chinesische Schmetterling, der in den USA Erdbeben auslöst, zur sinnentleerten Worthülse geworden ist, heute, wo wir alle zu zynisch lächelnden ZivilisationskritikerInnen geworden sind, spielt nicht das *Ob* der 'political correctness', sondern das *Wie* die entscheidende Rolle.

Worin liegt der spezifische Beitrag, den Volker Brauns Werk zur Kritik unserer abendländischen, aber weltbeherrschenden technischen Zivilisation leistet? Haben seine Texte – ich greife nur ein Beispiel heraus – den Erkenntnissen jenes großen zivilisationskritischen Romans etwas hinzuzufügen, der durch den Tod seines Autors im Jahre 1959, als Braun seinen ersten größeren Text *Der Schlamm* schrieb, zu einem unwillkürlichen Ende kam, ich meine

Hans Henny Jahnns *Fluß ohne Ufer*? Ich führe nur diese drei Zitate
daraus an:

> Er [der Mensch] wird niemals menschlich, niemals wahrhaftig sein. Er
> wird niemals den Armen und Unterdrückten beistehen. [. . .] Er wird
> in seinem bewußten Leben niemals nackt sein, wie er geschaffen wur-
> de, wie er im Mutterleibe wuchs, wie ihn der Schlaf und der Tod über-
> rascht. Nur in seinen pornographischen Büchern wird er ein wenig
> Ehrlichkeit zeigen.[2]

> Es wird der ackerbauenden Menschheit mit ihren Waffen wohl gelin-
> gen, das Tierreich und die Wälder auszurotten, um auch den letzten
> Fetzen Boden unter den Pflug zu bringen. Aber dann werden die Städ-
> te veröden, und das flache Land wird zur Wüste werden.[3]

> Ich kann immer nur feststellen, daß mich ekelt<,> daß ich ein privates
> Veto einlege. Daß ich im expansiven wilden Nützlichkeitstun eine
> Dummheit ohne Gleichen erblicke – eine Dummheit, wie sie nur sehr
> wenigen anderen Tieren zu eigen ist. Denn die Alleinherrschaft, die
> Alleinmacht, die Alleinform führen in den unbedingten Untergang.[4]

Weiter: ist Brauns Zivilisationskritik reduktionistisch, indem sie
z.B. nur die ökologische Zerstörung thematisiert, oder erfüllt sie
das Qualitätskriterium einer umfassenden Kritik, das Horkheimer/
Adorno in ihrer *Dialektik der Aufklärung* vorgegeben haben:

> In der Klassengeschichte schloß die Feindschaft des Selbst gegens
> Opfer ein Opfer des Selbst ein, weil sie mit der Verleugnung der Natur
> im Menschen bezahlt ward um der Herrschaft über die außermensch-
> liche Natur und über andere Menschen willen.[5]

Mit anderen Worten, Jahnn und Horkheimer/ Adorno zusammen-
nehmend: setzt die Kritik auf allen drei Ebenen der Herrschafts-
strukturen an: der Unterdrückung der inneren Natur, der Zerstörung der äußeren Natur sowie der Herrschaft von Menschen über
Menschen?

Bevor ich diese Fragen im zweiten Teil zu beantworten suche,
möchte ich nun kurz einen Abriß der Entwicklung geben, den das
Verhältnis von Mensch und Natur, aber auch die Natur als Metapher in Brauns Texten durchmacht.

Als Ausgangspunkt möchte ich den Vorspruch zu Band 1 der
Texte in zeitlicher Folge verwenden, was ein Zitat aus dem 1962–5
entstandenen Stück *Die Kipper* ist:

Wir stehn ganz am Anfang. Es wird ein Überfluß an materiellen Gütern dasein, ein Überfluß an Gedanken und ein Überfluß an Gefühlen. Es wird gar keinen Grund mehr geben, irgendeinen Menschen nicht zu lieben. Ich sage, der Mensch des neuen Jahrtausends wird leben wie es angenehm ist. Es gibt keine Sitten, es gibt keine Normen. Es gibt nur den Tag, der ist immer neu. (I [6] bzw. 157)

Ich akzeptiere zwar Volker Brauns Einwand, daß dies »der trunkene Ton einer Bühnenfigur«[6] ist, halte die Stelle aber dennoch – nicht zuletzt, weil sie als Vorspruch ausgewählt wurde – für repräsentativ für die ungetrübte utopische Harmonie des frühen Volker Braun: der Glaube an einen unbegrenzten Fortschritt, an das Gute im Menschen, an sein Potential der Liebe, der ungehinderten Kreativität[7]. Es ist der uralte Glaube an das Paradies als freundliche Stätte der Fülle und des Überflusses. Doch dieser Glaube ruht auf der uneingestandenen Prämisse, daß die Natur lediglich Objekt, Material ist, das ungefragt und bereitwillig diesen Überfluß gefälligst bereitzustellen hat.[8] Im frühesten Text *Der Schlamm*, der später als erster Teil von *Das ungezwungene Leben Kasts* veröffentlicht wurde, heißt es dazu etwa: »die Wälder bluteten aus, sie waren gezeichnet von ihrem Ende, das Land war nur ein Entwurf gewesen, die ganze verstaubte Oberfläche; die Tagebaue würden über die Fernstraße weg und die Städte weg ihre Strossen ausschwenken.« (I 9). Auch hier kann man zwar schon, quasi gegen den Strich, die Selbstzerstörung des menschlichen Lebensraumes (»über die Städte weg«) erahnen. Dennoch ist der Naturbegriff zu der Zeit geprägt durch einen instrumentellen Zugriff und die Heroisierung des Arbeiters und seines Aufbaukampfs: »ich schleuderte das Land von mir, es hing an der Schaufel, ich schlug es los, es war wie ein Kampf.« (I 13) sowie: »umgeben [zu sein] von den Jahreszeiten, die schon ebenso veränderbar schienen wie das Land, zu gebrauchen und umzumontieren« (I 32). Zivilisation ist hier noch ein gänzlich positiver Begriff, der enthusiastisch und fortschrittsgläubig die Möglichkeit bezeichnet, mittels Arbeit sowie technischer und sozialer Umwälzungen eine völlig neue Welt zu bauen, wo jeder ein aufrechter, selbstbestimmter Held ist: kritisiert wird dagegen die »Ziehviehlisation«, »wo es mit Bücken vorwärtsgeht? mit Kriechen?« (I 38) D.h., der Zivilisationsprozeß kann nicht schnell genug vorankommen; das Problem scheinen hier einzig die überkommenen menschlichen Verhaltensweisen zu sein, die ihn bremsen. In *Die*

Kipper wird die technische Zivilisation sogar zum erotischen Objekt: »Diese/ montierte Landschaft macht sinnlich, diese Ausstülpungen aus Zement und Baustahl, das hängt sich ins Fleisch –« (I 141–2)⁹ und in einem Text wie *Der Präsident von Bratsk* wird die Industrialisierung ganz Asiens als positive zukünftige Entwicklung gefeiert (vgl. I 226). Im Gedicht 'Messe', entstanden 1967, aus dem Band *Wir und nicht sie*, wird die industrielle Produktion und Gesellschaft in Naturmetaphern beschrieben und diese zweite Natur als die bessere, hoffnungsträchtigere verkauft (vgl. II 64–5) und im Stück *Hinze und Kunze* (1966/67) heißt es: »Himmel hau ab, sonst ziehst du schwanger weiter./ Brauchbarer Planet, Gestrüpp/ Aus Stahl und Kabeln. Mit zwei Griffen/ Löse ich Flüsse aus und setz ich Hügel in Gang./ Schöne Natur, selbstfabriziert.« (II 201)

Doch das ist nur die halbe Wahrheit, denn bereits in diesen Fortschrittssermon mischen sich andere Zeichen. Es ist, als ob sie zu der Zeit geschrieben, aber noch nicht verstanden würden. So ist es vielleicht kein Wunder, daß der Anfang der 60er Jahre geschriebene Entwurf *Sachsen. Rußland. Sand* erst 1989 gedruckt wurde. Darin gibt es eine Stelle, worin sich die Natur, trotz allem, nicht nach dem menschlichen Plan, nach seiner Verfügung über sie richtet:

> Und unvermittelt eine Wolkenwand/ Hob ab bei Spremberg und glitt dunkel/ Über uns weg, weil wir uns duckten/ Und setzte die Szene unter Wasser/ Drei Wochen ohne Vorwarnung/ Und gegen den Plan, und schneidend/ Ein uraltes Licht, herabgelangt/ Aus irgendeinem Himmel messerhart/ Beleuchtet die kleine Stelle// Ein Schlammloch unkenntlich, wo wir besudelt starren/ In die ruhig atmende Natur. (I 105–6)

Andernorts ist die Rede von den »Leichname(n)« der Bäume (I 190), von der »tote(n) Taiga« (II 60), und gegen Ende der 60er Jahre lassen sich die unangenehmen Nebenwirkungen des Raubbaus an der Natur sozusagen nicht mehr aus den Texten heraushalten: Im Gedicht 'Große Zeiten' etwa steht, mit Bezug auf Brechts Zeilen »Was sind das für Zeiten, wo/ Ein Gespräch über Bäume fast ein Verbrechen ist/ Weil es ein Schweigen über so viele Untaten einschließt« aus 'An die Nachgeborenen'¹⁰: »In diesen Zeiten, da selbst das Schweigen über die Bäume und die erledigte Luft zum Verbrechen wird.« (III 46) An *Unvollendete*

Geschichte läßt sich diese veränderte, gespaltene Naturwahrneh-
mung zeigen: einerseits die zerstörte, verschmutzte Natur [»Das
Wasser dunkel, schnell, mit weißer Gischt, man sah keine Hand-
breit tief. Ein rauher, beizender Geruch. Auf den Buhnen keine
Angler, die Fische waren nicht mehr genießbar.« (IV 48–9; geschrieben 1974)], andererseits Natur als radikales Gegenbild, als
befreite, un-entfremdete Idylle, wo allein Karin zusichkommen,
mit ihrem Körper eins werden kann (vgl. IV 25, 66, 70). Auch in
Gegen die symmetrische Welt gibt es oft eine überraschende Ambiva-
lenz: das Paradebeispiel dafür muß 'Durchgearbeitete Landschaft'
sein[11]: im ersten Teil des Gedichts wird die brutale Zerstörung der
Natur schonungslos geschildert: »Ausgelöffelt die weichen Lager,
zerhackt, verschüttet,/ zersiebt, das Unterste gekehrt nach oben
und/ durchgewalkt und entseelt und zerklüftet/ Hier sind wir
durchgegangen.« Im darauffolgenden Teil wird die zweite Natur,
die von Menschenhand auf der zerstörten ersten errichtet wurde,
beschrieben als »ohne Furcht«, »zart()«, das mit Wasser gefüllte
»Restloch« ist »der Erde/ Aufgeschlagenes Auge« und diese neue
Natur ist der Boden, auf dem neue Beziehungen zwischen den
Menschen möglich werden: »Und der weiße neugeborene Strand/
Den wir betreten/ Zwischen uns.« (IV 88–9, hier 89) Mit anderen
Worten: Naturzerstörung als Bedingung sozialer Befreiung.

Ende der siebziger Jahre wendet sich das Blatt dann vollständig. Schmitten sagt im gleichnamigen Stück, 1978 vollendet: »Da
hab ich lieber Gras, und Himmel, und das verschwind auch. Von
der vielen Arbeit, in tausend Jahren mal, is alles Gras weg. Die
kriegen den Planet noch glatt.« (IV 229) und in einer Arbeitsnotiz
(27.1.79) zu *Großer Frieden* heißt es, die Errungenschaften der Zivilisation seien »positiv und ekelhaft auf der zunge« (V 263). Mit
anderen Worten: sogar diejenigen Begriffe, die in Brauns Texten
als Triebkräfte der Selbstbefreiung fungierten, wie etwa 'Arbeit',
geraten in die Krise, da sie ebenso die Selbstzerstörung befördern.[12]

In den 80er Jahren dann hat sich die nach vorne offene Zukunft
der frühen Texte verwandelt in die potentielle Apokalypse und
Annihilation. Der Gedichtband *Langsamer knirschender Morgen* von
1987 ist dafür wohl das eindrücklichste Dokument. »Hinfällige,
wie hieß das noch/ Natur, der Service ist garantiert/ Die Verge-
waltigungen/ Finden im Weltmaßstab statt.« ('Gespräch im Garten
des Chefs', VIII 48) Und weiter: »Dergutemensch/ Denkt an sich,
selbst zuletzt./ Wenn die Wahrheit, Asche im Mund/ In eure

Türen fällt/ Werdet ihr sie wissen.« (VIII 49) Der Mensch ist hier
nicht mehr das aufklärerische Subjekt, das vernunftbegabt den
Ausgang aus der Unmündigkeit sucht, sondern der mit Kurzsich-
tigkeit geschlagene Hedonist der kapitalistischen Konsumwelt, der
nicht mal mehr erinnert, daß es soetwas wie »*Natur*« in ihm und
um ihn herum noch gibt. Das Wort »Asche«, später im Gedicht
'Material V: Burghammer' dann »Aschewasser«,[13] signalisiert den
point of no return: sei es als 'fallout' von Tschernobyl, sei es als
Asche der vernichteten Juden, sei es als Asche im nuklearen Winter: die Zerstörung ist unwiderruflich, die absolute Unlebbarkeit.
   'Burghammer' ist auch in anderer Hinsicht noch wichtig, nämlich als Vorstufe zu *Bodenloser Satz*. Im Gedicht heißt es: »Der Weg
voran führt einmal auf den Grund/ Und wenn wir dieses Land
wegfräsen müssen« (VIII 66). In *Bodenloser Satz* passiert genau
dies: unter der Hölderlinschen Maxime »ES WERDE VON
GRUND AUS ANDERS«[14] wird ein »letztes Gefecht« (IX 18)
geführt: die gesamte Landschaft wird durch den Kohletagebau
vollständig zerstört. Es ist die Rede von einem »Krieg« gegen die
Natur: die »Kriegsberichte von der Kohlefront« (20) beschreiben,
daß diese »Zerstörungen des Friedens [. . .] gewaltiger« waren
als jene des zweiten Weltkriegs, da sie »den Boden beraubten für
alle Zeit« (25). Damit hat man aber noch nicht die volle Komplexität des Textes erfaßt: denn liest man dieses »ES WERDE VON
GRUND AUS ANDERS« als Aufruf zum »friedlichen« Krieg
gegen die innere Natur[15], so ist dies nicht eine Vermessenheit, sondern eine Notwendigkeit: dieses Umgraben zielt ja auf eine Befreiung von dem antrainierten Gewohnheitskostüm, auf das Freilegen
des Grauens darunter, des Verdrängten – »Spatenstich in den
Untergrund des Bewußtseins, wo die Angst ruht, die Lust, das
Verlangen« heißt es (24). Um die Aporie innerhalb bzw. zwischen
innerer und äußerer Natur auf den Punkt zu bringen: nur durch
dieses Umgestalten von Grund auf ist eine wie immer geartete
'andere', 'bessere' Gesellschaft denkbar; andererseits bedeutet dieses Umgraben gleichzeitig die Vernichtung der Lebensgrundlagen.
Mit anderen Worten: die Dekonstruktion der äußeren Natur ist
nicht die Voraussetzung einer perfekteren (gen)technischen zweiten Natur, sondern die Zerstörung von Natur überhaupt; die
Demontage der sozio-kulturell verkrüppelten inneren Natur offen-
bart darunter nicht das un-entfremdete, freie Subjekt, sondern das
allererst zu Erarbeitende[16].

Damit sind wir aber auch schon mitten in der Beantwortung der eingangs aufgeworfenen Fragen nach den Spezifika der Braunschen Zivilisationskritik. Interessant sind dabei nicht die einzelnen Ebenen der Kritik, sondern daß alle diese Ebenen in seinem Werk kombiniert vorkommen.

Am wichtigsten scheint mir dabei, daß nicht nur die ökologischen, sondern auch die sozialen Kosten der kapitalistischen Weltzerstörung im Blick bleiben. Am eindrücklichsten fusionieren diese beiden Ebenen in 'Material XI: Die Internationale' in *Der Stoff zum Leben 3* (IX 70–2). Das Gedicht hat zwei ineinandergewobene Textfäden: die eine benutzt leicht abgeändert das Gedicht 'Die Internationale' (IX 59–60)[17] und beschreibt das neue Proletariat, nämlich die ausgebeutete und vor der Ausrottung stehende Natur, die sich zum Widerstand aufmacht; die andere verwendet auszugsweise das Gedicht 'Ich Ali' (IX 47–9)[18] und thematisiert auf dem Hintergrund von Wallraffs *Ganz unten* das wahre Ausmaß der Hölle unserer sozialen Verhältnisse. Interessanterweise wird nun mitten im Gedicht eine Regieanweisung aus Heiner Müllers *Hamletmaschine* zitiert (IX 72), wo »Drei nackte Frauen: Marx Lenin Mao« gleichzeitig aus Marx' *Einleitung zur Kritik der Hegelschen Rechtsphilosophie* zitieren. Das Zitat bricht ab »ES GILT, ALLE VERHÄLTNISSE UMZUWERFEN, IN DENEN DER MENSCH [. . .]«; weiter ginge es bei Marx mit: »ein erniedrigtes, ein geknechtetes, ein verlassenes, ein verächtliches Wesen ist, Verhältnisse, die man nicht besser schildern kann als durch den Ausruf eines Franzosen bei einer projektierten Hundesteuer: Arme Hunde! Man will euch wie Menschen behandeln!«[19] Müllers Text kann man ja leicht lesen als die vollständige Verabschiedung jeglicher Hoffnung auf Abschaffung von Unterdrückungsstrukturen. Bei Braun aber bleibt ein Schimmer von Hoffnung am Horizont zurück, vorausgesetzt, wir sind bereit, *alle* drei Ebenen der Herrschaftsverhältnisse in unsere Analyse miteinzubeziehen.

Nun ist es aber durchaus nicht so, daß in den Texten Brauns – wie dies Anfang und Ende der 70er Jahre in Westeuropa schon einmal passierte, als man die Hoffnung auf eine Weltrevolution an die Dritte Welt bzw. die Frauen delegierte – nun plötzlich die Natur selbst zum alleinverantwortlichen Protagonisten einer Veränderung würde. Zwar gibt es auch im *Bodenlosen Satz* diese eine Stelle, wo imaginiert wird, wie sich die zerstörte Natur zusammen mit allen toten und getöteten Menschen zum Aufstand zusammenrafft: »das Ausgerottete alles rottete sich zusammen zu einem

unwiderstehlichen Strom, die märchenhaften, die sagenhaften
Figuren erhoben sich aus der entseelten Landschaft, mit ihren
Fratzen, ihren Fäusten, ihrer Zaubermacht, die uns bannen würde
in unsre letzte Gestalt« (IX 26)[20], aber die Bedingung der Möglichkeit einer solchen Wiederkehr der Natur ist ebenfalls benannt: daß
wir Menschen lernen, gleichberechtigt, »brüderlich«, mit »VER-
STAND« mit ihr umzugehen (ebd.)[21].

Und damit ist auch die dritte Herrschaftsdimension angespro-
chen, das Verhältnis zu uns selbst. Insbesondere im Stück *Transit
Europa* und dem Gedicht 'Das innerste Afrika' (aus *Langsamer knirschender Morgen*, VIII 87–90) – eine Szene in *Transit Europa* heißt
übrigens auch 'Das innerste Afrika' (IX 135–7) – wird thematisiert,
daß uns weder die Natur noch die Proletarier noch irgendwas
oder -wer die Arbeit der Veränderung abnehmen werden: »Gehen
wir wieder in das alte Land hinein. Keine Ausflüchte; wir müssen
ins Innere gehn. Wir werden den Kontinent nicht verlassen. Die
Unterdrückung begraben wir auf diesem blutigen Grund.« (IX
136). Jetzt, am Ende des 20. Jahrhunderts, gibt es keine Flucht-
punkte mehr: der kapitalistische Weltmarkt, die »Megamaschine«
(135) hat den Globus fest im (selbstzerstörerischen) Griff[22], Aus-
steigen ist keine Möglichkeit mehr:

DIESE WAND – DAS SIND DIE GRENZEN DER ERDE SELBST, AN
DENEN WIR FREILICH/ ZERDRÜCKT WERDEN KÖNNEN, WENN
WIR DIE VON UNS GESCHAFFENE GROSSE MASCHINE NICHT
ABBREMSEN UND AUFHALTEN, EHE SIE ENDGÜLTIG ANSTÖSST.
(136–7)[23]

Oder wie es in *Iphigenie in Freiheit* heißt: »Und in kein Ausland
flüchtet sich die Hoffnung/ Die wüste Erde ist der ganze Raum.«
(X 137)[24]

Im Gedicht 'Material XIV: Antikensaal' (IX 84–6, entstanden
1987), das später als vierte Szene in *Iphigenie in Freiheit* aufgenom-
men wurde (X 140–3), wird die Komplexität der Situation noch
eine Spiraldrehung weitergezwungen[25]. In diesem Text, der mit
zynischem Nachsatz eigene fortschrittsgläubige Gedichte zitiert
[»um ihn her Spuren heroischer Tätigkeit, Halden, Schrotthaufen,
die DURCHGEARBEITETE LANDSCHAFT, die HAT ES HINTER
SICH« (85)], wird, wie auch in *Bodenloser Satz* oder Gedichten wie
Siegfried 1984[26], drastisch vorgeführt, daß unsere westliche Zivilisation, unser »Erstarren in der weißen Erkenntnis«[27] männlich ist,

was im wesentlichen heißt, daß es eine spezifische Verbindung gibt zwischen Zerstörung und (sexueller/ heroischer) Lust an dieser Zerstörung: diese Lust, die »EIN()NEHMEN« will[28], zerstört dabei alles, was ihr in die Quere kommt: Frauen, Dritte Welt [vgl. »Negerin« (IX 86)], Natur: »und er schreitet über sie weg an sein wahnwitziges Werk, stampft sie ins Planum mit der Preßluftramme, harte Arbeit der Männer in der freien Natur, die panisch aufblüht, ZUVIELISATION! MÖRDER!, Wahnsinn zu dem er verurteilt ist« (IX 86). Und wie in der Welt da draußen, nur schneller und direkter wird aus dieser Zerstörung Selbstzerstörung: er »sticht das Blatt der Schaufel in sein nutzloses Geschlecht, die Hoden glitschen blutig auf den Zementsack« (ebd.). Dies ist aber nicht das Ende, wie die zivilisierte Welt vielleicht gerne hoffen möchte, nach dem Motto: 'wenn wir nicht überleben, darf keiner überleben', sondern der Anfang von etwas Neuem: »sein Samen mischt sich mit den Atomen des Staubs, verzweifelte Hochzeit, Materie die lieben lernt im Winter, auferstehendes Mehl, Sprengsatz der Strukturen, Stoff für den Hunger der Welt, der in die Türen tritt, ein Kinderleib.« (ebd.)

Damit sind wir am Ende des Entwicklungsbogens angelangt: die Utopie der Harmonie, Liebe und des Überflusses der frühen Texte Brauns hat sich verwandelt, in ihr Gegenteil. Aber es bleibt dennoch eine Utopie, eine nüchterne, schonungslose, bescheidene, aber darum vielleicht umso angemessenere.[29] Angesichts der Erkenntnis in *Iphigenie in Freiheit*: »Und von jetzt ab und eine ganze Zeit/ Wird es keinen Sieger mehr geben/ Sondern nur mehr Besiegte.[30]/ [. . .] / Der Fortschritt krebst ans Ende des Jahrtausends« (X 130–1) und angesichts des »Mord(es) an Mutter/ Erde« (X 134) und wissend auch, daß sich die vierte Welt nicht aus der Festung Europas heraushalten wird lassen[31], angesichts dieser nüchternen Analyse der Weltverhältnisse auf allen Ebenen, die die »Zukunft nicht (mehr) kennt« und dennoch *nicht* auf Kosten der Zukunft leben will[32], ist nur noch ein Ausweg denkbar: Askese, Exil und Armut. Dieses Konzept ist aber wohl noch derart inkompatibel mit unseren gewohnten Denk- und Verhaltensmustern, daß selbst Braun es nur versteckt in zwei Arbeitsnotizen formuliert hat: zu *Transit Europa* heißt es am 29.3.85:

und das exil kann nur modell sein für die heutige befindlichkeit, für unser aller leben im übergang: die wir den alten kontinent unserer

gefährlichen gewohnheit und *anmaßenden wünsche* verlassen müssen, ohne
doch das neue ufer zu erkennen zwischen uns. (IX 141 – Herv. R.J.)

Und zu *Die Übergangsgesellschaft* am 25.9.82:

wir wissen, es ist die hauptsache, das leben zu ändern, d.h. das eigene
. . . aber wir wollen uns nicht aus unseren halterungen reißen. weil wir
sonst elende wären, verdammte, entlassene, denen niemand die hand
gibt, außer den künftigen freien unvorstellbaren menschen. man muß
aber in das elend gehn. (VIII 164)

Anmerkungen

[1] Der vorliegende Text wurde ursprünglich als Vortrag für die Konferenz *Retrospect and Review. Aspects of the Literature of the GDR 1976–89*
konzipiert (University of Kent at Canterbury, 27.–30.9.1994).
[2] Hans Henny Jahnn, *Fluß ohne Ufer. Dritter Teil: Epilog*, hg. v. Uwe
Schweikert und Ulrich Bitz (Hamburg, Hoffmann und Campe, 1986), 177.
[3] Hans Henny Jahnn, *Fluß ohne Ufer. Zweiter Teil: Die Niederschrift des
Gustav Anias Horn II*, hg. v. Uwe Schweikert (Hamburg, Hoffmann und
Campe, 1986), 102.
[4] Hans Henny Jahnn, *Fluß ohne Ufer. Dritter Teil: Epilog*, a.a.O., 386.
[5] Max Horkheimer, Theodor W. Adorno, *Dialektik der Aufklärung*
(Frankfurt/M, S. Fischer, 1969/1986), 61.
[6] Volker Braun in einem Brief an den Verfasser vom Juni 1994.
[7] Interessant ist in diesem Zusammenhang Hans Magnus Enzensbergers Befund, daß es heute tatsächlich keine Sitten und Normen mehr
gebe, daß dies aber keineswegs positiv sei. Seine Analyse zeigt im Gegenteil die positiven Aspekte einer Zivilisierung, die sofort einsichtig werden,
wenn diese zusammenbricht, nämlich im Bürgerkrieg. Vgl. Enzensberger,
Aussichten auf den Bürgerkrieg (Frankfurt/M, Suhrkamp, 1993).
[8] Vgl. dazu Klaus Schuhmann, der darstellt, wie für Braun, Mickel
und Kirsch in den 60er Jahren Natur »im Zeichen der für die neue Gesellschaft dringend notwendigen Entwicklung der Produktivkräfte vorwie-
gend ein unerschöpfliches Materialreservoir und Bewährungsfeld« war
('Lagebericht zur ökologischen Situation – Beobachtungen zur Lyrik der
achtziger Jahre', in *DDR-Literatur '85 im Gespräch*, hg. v. Siegfried Rönisch
(Berlin; Weimar, Aufbau, 1986), 24).
[9] Zur Erotisierung der Industrieproduktion in Brauns Lyrik siehe Wolfgang Emmerich, 'Von der "durchgearbeiteten Landschaft" zur *nature
morte*. Alte und neue Landschaftslyrik von Volker Braun, Wulf Kirsten
und anderen', in *Literatur für Leser*, (1990) 2, 72.
[10] Bertolt Brecht, 'An die Nachgeborenen', in ders., *Die Gedichte in einem
Band* (Frankfurt/M, Suhrkamp, 1981), 723.

11 Nicht von ungefähr nennt Dieter Schlenstedt seinen Artikel, in dem er – ähnlich wie dies hier in anderer Perspektive versucht wird – einen erhellenden Durchgang durch die Umweltwahrnehmung in Brauns bisheriger Produktion unternimmt, 'Durchgearbeitete Landschaften Volker Brauns' (in *Literatur und politische Aktualität*, hg. v. Elrud Ibsch und Ferdinand van Ingen (Amsterdam; Atlanta, Rodopi, 1993), 81–100).

12 Dazu heißt es in der 'Leipziger Vorlesung' vom 12.12.1989: »die Ursache ist aber das Problem: die Arbeit/ sie hat es <u>in sich</u>, ein zweischneidiges Schwert/ Entwicklung und Verwüstung/ sie muß in ihrem Dilemma begriffen werden« (X 178) Vgl. dazu Anmerkung 25.

13 Auch in *Bodenloser Satz* (IX, 24). Vgl. dazu:»Und wir, immer noch gierig auf den Aschegeschmack der Worte./ Immer noch nicht, was uns anstünde, stumm.« (Christa Wolf, *Kein Ort. Nirgends* (Zürich, Ex Libris, 1982), 13)

14 Friedrich Hölderlin, *Hyperion*, in ders., *Sämtliche Werke und Briefe*, hg. v. Michael Knaupp (München; Wien, Büchergilde Gutenberg, 1992), I, 692.

15 In Hölderlins *Hyperion* heißt es kurz vorher:»Heilige Natur! du bist dieselbe in und außer mir.« (ebd., 692)

16 Vgl. dazu 'Arbeitsnotiz 5.5.85':»die gewöhnliche zerreißprobe, um sich zu finden in seinen bestandteilen; der ganze mensch muß warten, bis wir schwarz werden im innersten afrika.« (IX 143)

17 Aus 'Die Internationale' werden alle Zeilen verwendet, drei Stellen jedoch um eine Drehung verschärft: statt »die Luft ergetzt/ Flehentlich unsere Lungen« (59) heißt es in 'Material XI':»die Luft, in jeglichem Zustand/ Entsetzt, erstickt,/ flieht flehend in unsere Lungen« (71); statt »Und uns ermutigen mit Regengüssen« (59) heißt es nun »Und uns bestürzen/ mit Regengüssen« (72); statt »Und unser verrotteter Bund [. . .]/ Fühlt beflügelt/ Das elementare Verlangen« (60) nun: »[. . .]/ Fühlt [leer]/ das elementare Verlangen.« (72).

18 Aus 'Ich Ali', das auf Günter Wallraffs *Ganz unten* (Köln, Kiepenheuer & Witsch, 1985) reagiert, werden mehr oder minder unverändert übernommen Zeilen 2–4 (47), 6–14, 17–22 sowie 29 (48), leicht verändert die Zeilen 1 (47), 5, 23 und 28 (48), nicht verwendet dagegen Zeilen 15–16, 22, 24–27 (48) sowie 30–31 (59).

19 Heiner Müller, *Hamletmaschine*, in ders., *Mauser* (Berlin, Rotbuch, 1983), 96. Vgl. Karl Marx, *Zur Kritik der Hegelschen Rechtsphilosophie. Einleitung*, in Karl Marx, Friedrich Engels, *Werke* (Berlin, Dietz, 1957), I, 385.

20 Die Szene erinnert an die phantastische (im doppelten Wortsinne) Schlußsequenz von Stefan Schütz' *Katt*, wo sämtliche Opfer der Weltgeschichte, die Toten, die zerstörte Natur, aber auch Mutanten aus Zivilisationsmüll erfolgreich den Aufstand gegen die westliche Konsumzivilisation proben (Reinbek bei Hamburg, Rowohlt, 1988, 285–334).

21 Gleichberechtigt heißt hier auch, daß wir die Verantwortung für die nicht-sprachbegabten Mitbewohner unserer Erde mitübernehmen müssen: »er war jetzt *beladen mit der ganzen Menschheit, sogar mit den Tieren* (wir heute auch mit den Bäumen)« (*Rimbaud. Ein Psalm der Aktualität*, VIII 20).

22 Der allerdings keine Lösung, sondern Ausdruck der Krise ist: »die krise des westlichen bewußtseins im augenblick seines sieges, der es einsam macht, provoziert den aufstand der unterdrückten hoffnung gegen

die herrschende idee, auf dem ungewissen, weltweiten, aschgrauen grundstück der zukunft.« (Arbeitsnotiz vom 16.10.91 zu *Böhmen am Meer*, X 106)

[23] Dies ist ursprünglich ein Zitat aus Rudolf Bahro, 'Wer kann die Apokalypse aufhalten?', in ders., *Wahnsinn mit Methode: Über die Logik der Blockkonfrontation, der Friedensbewegung, der Sowjetunion und der DKP* (Berlin, Olle und Wolter, 1982), 27.

[24] Wenn wir nicht aufpassen, verflüchtigt sich selbst dieser Raum: »Der Boden verschwindet, die Landschaft zieht sich zurück. Sie entzieht sich weiterer Nachstellung. Sie verweigert den Dienst in unserem Krieg. Die Erde macht sich davon mit ihren Wäldern und Flüssen. Sie zerstiebt unter unseren Schritten. Es ist ein Todesmarsch. Sie wandert aus in die Wüste. Nicht wir sind die Flüchtlinge, die die Länder wechseln, das Land verläßt uns und geht in den Untergrund.« (*Transit Europa*, IX 135) Vgl. dazu auch das Gedicht 'Die dunklen Orte', wo es heißt: »Und saurer Regen rennt mir aus der Stirne/ Kaum atmen mehr, nur reden das/ In meinem dunklen Kopf / mein Tschernobyl/ Wo auch das Kind im Mann ergraut/ Und nicht verspricht die Erde noch zu dauern.« (IX 76)

[25] Ansatzweise ist darin auch noch eine ganze Diskussionsebene angetönt, auf die ich hier nicht eingehen kann: Die zitierte Losung »CHEMIE BRINGT BROT WOHLSTAND SCHÖNHEIT« (IX 86) beinhaltet den ganzen Sprengstoff der nötigen ökologischen Umgestaltung unserer technischen Welt: zum Überleben müssen wir »befreite Arbeit«, wie Braun das nennt (VIII 33), finden, aber wie überleben wir ohne unsere heutigen Arbeitsplätze? Ein kleines Beispiel: die 'ewige' Glühlampe ist technisch machbar. Aber was machen die ArbeiterInnen in sämtlichen Glühlampenwerken der Welt, wenn der Bedarf an solchen 'ewigen' Glühlampen, sollten sie je produziert werden, einmal gedeckt ist?

[26] Aus *Langsamer knirschender Morgen* (VIII 49–50). Siehe dazu meine eingehende Analyse in Rolf Jucker, 'Vorwärts in die zivilisatorische Katastrophe. Zu Volker Brauns Gedicht *Siegfried 1984*', in *Zeitschrift für Germanistik*, 5 (1995) 1, 38–47.

[27] Vgl. der Schwarze Sasportas in Heiner Müllers *Der Auftrag*: »Weil deine Gedanken weiß sind unter deiner weißen Haut.« (in ders., *Herzstück* (Berlin, Rotbuch, 1983), 56)

[28] Vgl. *Bodenloser Satz*, IX 14.

[29] Dazu ist vielleicht anzumerken, daß ich keine Berührungsängste mit dem Begriff 'Utopie' habe, da auch die Rede vom 'Tod der Utopie' von einer solchen ausgeht, nämlich der realexistierenden Utopie des Status Quo.

[30] Dies ein Zitat aus Bertolt Brecht, *Der Untergang des Egoisten Johann Fatzer* (Frankfurt/M, Suhrkamp, 1994), 116.

[31] Vgl. dazu: »MEIN HUNGERVOLK SAMMELT SICH IN DER STEPPE/ ZUM HUNGERMARSCH IN EURE METROPOLEN/ SEIN HUNGER NAGELT MICH IN MEINEN KREML/ UND AUS DEM HUNGER SPEIST SICH UNSRE MACHT.« (X 138) Sowie die Stelle im Gedicht 'Das innerste Afrika': »EUROPA SACKBAHNHOF die verdunkelten Zügen aus der vierten Welt vor Hunger berstend / hinter der Zeitmauer Getöse unverständliche Schreie / Blut sickert aus den Nähten der Niederlage /

Zukunftsgraupel und fast will / Mir es scheinen, es sei, als in der bleiernen Zeit« (VIII 88) Die »Verteilungskriege, wenn der Tisch gedeckt wird« (*Böhmen am Meer*, X 74), die dieses Blut verschulden, werden wohl das 21. Jahrhundert dominieren.

[32] Vgl. dazu Volker Braun, *Ist das unser Himmel? Ist das unsre Hölle?* Rede zum Schiller-Gedächtnis-Preis (Stuttgart 10.11.1992): »Der Mensch muß damit leben, daß er die Zukunft nicht (mehr) kennt, ohne daß er beginnt, bedenkenlos gegen andere und Zukünftige zu leben. Die Lösungen für alle können kein Luxus der Künste bleiben. Das Ideal ist zur elementaren Angelegenheit geworden, es setzt das blutige, hungernde, lebendige Fleisch der Probleme an. Die Idee der Menschheit ist zur Sache der Wirklichkeit verdammt.« (In *Sinn und Form*, 45 (1993) 1, 169)

6

Blinded by the Light: Volker Braun's *Guevara oder Der Sonnenstaat*

T. M. HOLMES

Guevara oder Der Sonnenstaat[1] was premiered in Mannheim in 1977 at the height of the left-wing terrorist campaign in West Germany. That year saw the assassination of Federal Prosecutor Siegfried Buback, of Hanns-Martin Schleyer, President of the Employers' Federation, and of Jürgen Ponto, Board Chairman of the Dresdner Bank, as well as the storming of the hijacked Lufthansa plane at Mogadishu and the apparent suicide of leading members of the Rote Armee Fraktion (RAF) in prison. Braun's drama is about Che Guevara, the hero of the Cuban revolution, and his failed attempt to repeat the Cuban victory in Bolivia in 1967. But the dramatic study of this particular failure has much wider implications for a whole movement in revolutionary politics inspired by the Cuban guerrilla war, including the terrorist onslaught against the West German state that climaxed in 1977. At a more esoteric level the drama is connected with a simultaneous though less spectacular challenge to the *East* German state – the publication, also in 1977, of Rudolf Bahro's *Die Alternative*. As well as criticizing 'romantic' communism, represented by Guevara, the play is complicit in Bahro's critique of its polar opposite, the 'bureaucratic' communism exemplified in East Germany's 'real existierender Sozialismus'. My purpose in this article is to delineate both these critical strands of the play, and then to seek a point of convergence between them – an implied position or programme from which the dual critique derives.

But before embarking on a discussion of the play itself I want to outline some of the reasons why the real Che Guevara was so important to the New Left in the 1960s and 1970s. Che's portrait became the definitive icon of the student movement, not only because of his charisma, but also because he seemed to personify a new theory and praxis of revolution to replace the orthodox Marxism widely rejected by the New Left. In his influential study *One Dimensional Man*[2] Herbert Marcuse argued that the class struggle had been effectively neutralized under advanced capitalism. The proletariat in western industrial society had been subjugated by its absorption into the consumer culture, its preoccupation with the consumer satisfactions defined and propagated by the media and advertising. Production had become an instrument of social control, stifling the impulse for change.[3] Hans Magnus Enzensberger asserted in 1965 that the focus of revolutionary discontent now lay in the underdeveloped countries of the Third World, which were being plundered to sustain the repressive affluence of the industrial nations. And so Georg Büchner's revolutionary appeal to the German peasants in 1834 was, Enzensberger thought, once again highly relevant in the 1960s – this time, however, in the perspective of world revolution, which would begin in the 'countryside' of the Third World rather than the industrial 'metropolis' of western capitalism.[4] The model of revolutionary strategy in this new era was derived from rural insurgency, not the industrial class struggle. In the *Communist Manifesto* Marx had taught that capitalism would create its own negation in the form of a massively concentrated, homogeneously organized and exploited proletariat. The task of communists, he argued, was to intervene in the already existing class struggle and to give it a revolutionary direction and consciousness that would ultimately lead to the seizure of state power by the proletariat.[5] That scheme had no validity for rural revolution. The solidarity that was for Marx a ready-made component of the industrial class struggle was not to be found in the dissociated pattern of exploitation experienced by the peasants. And so in Third World revolutions the whole process would operate the other way around. The attack on state power would mark not the culmination but the inception of the revolutionary movement. The struggle would be initiated by small but dramatic acts of violence against the power of the ruling class, which would demonstrate to the peasants that resistance was possible, that the forces of oppression were vulnerable. They would come to perceive the balance of power differently and be drawn into the revolution themselves, so that around the nucleus of guerrilla fighters a people's army would develop. This theory of the growth of revolution out of the guerrilla *foco* or nucleus was outlined by Régis Debray in his *Revolution in the*

Revolution? of 1967.[6] The great example of the strategy's effective-
ness was the Cuban revolution and its most celebrated exponent
was Che Guevara, who also contributed to the literature on the
subject with his *La Guerra de Guerrillas* (Havana, 1960) and *Pasajes
de la Guerra Revolucionaria* (Havana, 1963).

In West Germany too the younger generation of revolutionaries
adopted their own variant of the *foco* theory. In a report to the
1967 delegate conference of the SDS (Sozialistischer Deutscher
Studentenbund), Rudi Dutschke echoed Marcuse's analysis of
advanced capitalism, referring to it as a 'gigantisches System von
Manipulation' in which 'd[ie] Massen [. . .] nicht mehr aus sich
heraus fähig sind, sich zu empören' because they had internalized
the 'Schemata des Herrschaftssytems'. Consequently the tactics of
the student movement must be informed not by Marxist ortho-
doxy but by the operations of guerrilla warfare. The radical minor-
ity could only hope to make an impression on a monolithic false
consciousness by means of 'Agitation in der Aktion', provocative
and exemplary disruptions of the norm. Dutschke draws an anal-
ogy with Che's doctrine in order to clarify the point:

> Die 'Propaganda der Schüsse' (Che) in der 'Dritten Welt' muß durch
> die 'Propaganda der Tat' in den Metropolen vervollständigt werden,
> welche eine Urbanisierung ruraler Guerilla-Tätigkeit geschichtlich
> möglich macht. Der städtische Guerillero ist der Organisator schlecht-
> hinniger Irregularität als Destruktion des Systems der repressiven
> Institutionen.[7]

In Dutschke's proposals the urban guerrilla is a metaphor, not
implying the adoption of armed conflict as such. But in the 1970s
the West German left wing terrorists made the transition from
metaphor to reality, unleashing outright guerrilla war in the
industrial heartland of capitalism. The founding document of the
Rote Armee Fraktion announced a propaganda of violent action
aimed directly against the agencies of the state and addressed in
particular to the marginalized social groups which, according to
Marcuse, represented the only remaining revolutionary potential
in western society. The armed 'Fraktion' was clearly conceived
along the lines of Debray's theory as a *foco* out of which would
evolve a people's army of the alienated and disaffected: 'Denen
habt ihr zu sagen, daß wir die Rote Armee aufbauen, das ist ihre
Armee.' This new strategy was intended to parallel exactly the

wars of liberation in the Third World as well as the black revolt in the United States: 'Die können das kapieren, daß das, was hier jetzt losgeht, in Vietnam, Palästina, Guatemala, in Oakland und Watts, in Kuba und China, in Angola und New York schon losgegangen ist.'[8]

The connection between Braun's *Guevara* and the politics of the RAF was indicated by the author himself when he included with the Mannheim edition a statement made in 1977 by the former leading RAF member Horst Mahler on the calamitous 'Mißverständnis' of a 'Stadt-Guerilla' concept based on the theories of Bakunin and Che.[9] In what precise sense then does Braun's drama represent a comment not only on Che Guevara himself, but also on the disastrous transposition of his ideas from the Sierra Maestra to the asphalt battlefields of West Germany? In fact the play deals directly with the transposition of the *foco* technique to a new environment, and demonstrates that Guevara's plan for a revolution in Bolivia is nothing more than a rigid extrapolation from the Cuban experience, without allowance for the quite different circumstances in which it is supposed to be re-enacted. In other words Guevara acts on the same assumption that lay behind the declaration of war on West Germany by the RAF – that the guerrilla strategy that had proved so successful in Cuba was a completely generalizable revolutionary paradigm.

The drama begins with brutal finality as Guevara's scorched and bloodstained body is dropped through an aperture onto a platform already strewn with the corpses of soldiers and guerrillas (41). From that moment the action moves backwards in time (apart from the comic interludes between Bedray and Bumholdt), ending with Che's decision to quit his post as minister of industry in post-revolutionary Cuba in order to continue the armed struggle elsewhere in Latin America. This unusual structure means that the audience is vividly aware right from the start that Guevara will fail, which imposes a kind of dramatic fatalism on the depiction of events. We are made to feel that Guevara's new venture was doomed right from the beginning, and in place of a conventional suspense concerning the dramatic outcome Braun directs our attention to the mechanism of a foregone conclusion. In his representation of Guevara's ill-fated campaign the concept of 'armed propaganda' is revealed as a mesmeric fixation on a single, inflexible model. As the *foco* theory proves its political ineffectiveness in the new setting, so Che's commitment to that theory becomes less

and less political, more and more irrational, ecstatic, and vision-
ary. Just before the final defeat, with his starving and demoralized
men quarrelling, howling, and collapsing around him, Che intones
a hymn of praise to the guerrilla warrior,

> der dem Volk vorangeht
> Nicht fühlend seinen Körper, nur die Waffe
> Die er ist des Volks. Ihr seid das Vorbild
> Der Kern der Frucht, die in dem Kampf wächst, die
> Elite ihr, die herrlichsten der Kämpfer. (57)

Not only is there a grotesque disparity between the sublime ideal
that is invoked in these lines and the debased reality that is seen
on stage, there is also a flat contradiction between the political
development adumbrated in the speech and the course of events
retraced in subsequent scenes. What Che recapitulates here is the
foco theory, the growth of popular revolution from the exemplary
actions of the guerrilla vanguard, but what has actually happened
is the exact opposite of the doctrine. When the guerrillas fail to
gain popular support, because land reforms have to some extent
improved the peasants' lives (63), the violence that was meant to
operate on behalf of the people is now turned against them so that
they will at least be frightened into neutrality. Guevara declares:

> Dann ists der Terror [. . .]
> Der soll sie schrecken, daß sie nicht mehr wissen
> Ob sie Fleisch oder Fisch sind, aber stumm wie
> Fische. Wer nicht mehr hofft, der soll dann alles fürchten
> Und aus dem Krieg sich ziehn zitternd
> In sein Loch. (65)

But in deciding to preserve the *foco* by means of repression Che
precludes the mass support that is the whole point of the *foco* theory. His next command underlines the isolation of the guerrillas as
they withdraw 'in das Unbelebte, in den Wald' (65). From now on
they will inhabit an unpeopled region where the survival of the
foco will become an end in itself, not the beginning of a social
movement. With this retreat the revolutionary campaign is in
effect abandoned. When Che declares his belief in the guerrilla
strategy even after it has collapsed, even after it has been invali-
dated by objective circumstances, he seems to be appealing to
something that has for him a mystical rather than a political truth.

Associated with this fervour is the image of the guerrilla as a 'Waffe', an instrument whose dedication to the struggle makes him insensible to his own body (57). Besides the suggestion of asceticism and endurance, this metaphor also has the association of mechanical functionality; the weapon, after all, is merely an implement and cannot reflect on the use that is made of it. By implication there must be a higher instance to determine its use. What is that higher instance? It cannot be the people themselves, as Che's formulation 'die Waffe [. . .] des Volks' would have it, because in the *foco* theory the use of weapons precedes and precipitates the formation of a popular revolutionary will. Logically, the higher instance that wields these human weapons must be the *foco* theory itself, but if the theory is in complete control then the interaction of theory and praxis is suspended. The theory hardens into immutable dogma because the human beings involved are turned into uncritical functions of the theory rather than its rational exponents. The image of the weapon also stresses the primacy of military action in the *foco* theory, but in the strictly military context too unthinking an obedience to the theory proves disastrous. Guevara is finally ambushed and captured by US-trained rangers who have learned their mastery of guerrilla tactics from his own book on the subject (47). At the strategic level, the Pentagon has taken seriously Guevara's famous call for 'zwei drei viele Vietnams', seeing the proliferation of revolutionary war as their own best chance of exhausting and defeating the revolutionaries (51–2). The world has moved on, the initiative has passed to the other side, and the rigidity of Guevara's approach is again evident in his failure to consider the developments in counter-insurgency provoked by his own former triumphs.

What Braun identifies as the fundamental reason for this intellectual rigidity is the fact that Guevara's commitment to revolutionary violence is in the last analysis more of an existentialist philosophy than a political strategy. Guevara has no faith in the power of argument to rouse the people, because argument has to operate with language that is itself a construct of the status quo (77). Only the act of violence against the oppressor can free the oppressed from their mental slavery and restore their self-regard and their human dignity:

> Gegen Gewalt hilft nur Gegengewalt
> Die der Mensch ist nicht mehr duldend [. . .]

> Tötend wird er geboren in der
> Verkehrten Welt. Er wird es nicht begreifen
> Wenn du es sagst, doch er erlebt es. Töten
> Heißt zweimal treffen: einen Unterdrücker
> Und einen Unterdrückten. Und was bleibt
> Das ist ein toter und ein freier Mensch [. . .] (77–8)

But because of the reverse structure of the play the audience already knows 'was bleibt', they know that what Guevara promises is not what will remain at the end of the day. His dialectic of rebirth through violence is negated in the tableau of mingled bodies shown at the very start of the drama; no one is 'resurrected' from the deadly encounter of oppressors and oppressed.

When Che is about to be killed he again articulates, this time to his captors, the idea of life's renewal through death, but now in the sense that his own death will provide the inspiration for others to live:

> Ich seh nur eine Welt, die blutig ist
> Die ein Vulkan ist vor er ausbricht, ich
> Seh in den Krater. Kämpfen nicht mehr, kann ich
> Doch sterben, fallend in das Loch. Ihr
> Macht ihr mir Beine für den letzten Schritt
> Daß die ihn sehen, die das Äußerste
> Brauchen, eh sie das erste wagen: leben. (52)

Evidently he means that his death will encourage others to live authentic, autonomous lives, by contrast with the living death of those who, like his executioner Selnich, serve a repressive system: 'Tot bist du seit du lebst in diesem Dienst' (49). This redemptive conception is echoed in the concern of Selnich that the place where Guevara is killed may become a new 'Golgotha'. The soldiers dig frantically to conceal the body, but the train of associations set off by this reference to the Passion seems to imply what Selnich fears – that Guevara as a kind of 'Christus der Agitator' will be politically resurrected and will win the anti-imperialist struggle by his posthumous influence (53).

But there are important factors to be weighed against such an interpretation. In the first place, the idea of a political redemption through sacrifice runs directly against the revolutionary theory with which Guevara is so closely identified. The whole point of the *foco* strategy is that the people should be encouraged by the *success* of the guerrillas, by their demonstration of how vulnerable the oppressors are. As the historical Guevara pointed out, the Cuban peasants only began to join the revolutionary struggle when they 'came to recognise the invincibility of the guerrillas',[10] and Debray stated that 'the most important form of propaganda is successful military action'.[11] No doubt the courage to face death was an essential aspect of the guerrillas' personal commitment, but the glorification of defeat and death had no part to play in the practical strategy of mass-mobilization. The point is tellingly made in the drama when the ranger Prado refers to Guevara's own handbook on guerrilla war and comments sardonically:

> Aber wo steht
> Daß man bis auf den Tod kämpft [. . .]
> Also
> Wenn einer sterben soll dann ists der Feind. (47)

It is difficult to avoid the inference that the pose of political saviour is for Che a psychological refuge to escape the truth about his political failure. The pose, moreover, is rehearsed well in advance of his pseudo-Calvary. In the very last scene Guevara speaks of his Bolivian project as the 'Abgang / Ins Bodenlose, wo die Zukunft liegt' (96), which prefigures the image of falling into a volcanic crater that he uses just before he dies. It is as if he feels right from the start of the campaign that he will need a myth of sacrifice with which to transfigure inevitable defeat. Thus he is, throughout the play, a divided figure whose faith in the guerrilla war somehow coexists with a sense of doom and a compensatory redeemer-pathos.

The very wording of that pathos helps to bring out its negative connotations in the drama. As Christine Cosentino has pointed out, the figure of Guevara is distinctly related to the hero of Hölderlin's drama fragment *Der Tod des Empedokles*.[12] In the stage version of the death scene, Guevara explicitly declares that he is 'Empedokles der das Signal gibt'.[13] This connection might seem to indicate that his death will indeed provide the same impulse for epochal change that Hölderlin's Panthea sees in the death of Empedokles:

> So mußt es geschehn.
> So will es der Geist

Und die reifende Zeit,
Denn Einmal bedurften
Wir Blinden des Wunders.[14]

However, this parallel is heavily qualified precisely by the words
that Guevara 'borrows' from Hölderlin when he declares himself
to be the new Empedokles. As we have seen, Guevara believes
that his descent 'ins Bodenlose' is the way to the future (96),
because those who witness 'das Äußerste', represented by his
death, will thereby recover their will to meaningful life (52). The
key words quoted here directly echo Hölderlin, but they are in
that context the words of Empedokles' adversary Hermokrates:

Die Götter dulden. Vieles dulden sie
Und schweigen, bis ans Äußerste gerät
Der wilde Mut. Dann aber muß der Frevler
Rücklings hinab ins bodenlose Dunkel.[15]

Guevara asserts that his enemies are helping him to fulfil his redemptive mission – 'Ihr / Macht ihr mir Beine für den letzten
Schritt' – but his 'imitation' of Empedokles echoes the condemnation pronounced on Empedokles, and this irony suggests that
Guevara's descent into the crater will actually fulfil his enemies'
desire to punish and discredit him.

Another link between Braun's *Guevara* and Hölderlin's *Empedokles* is the symbolism of light. In Hölderlin's fragment, Panthea feels
drawn to 'dem / hohen süßen Licht' of Empedokles, for he is
'eine neue Sonne' inspired by the 'allentfaltend Licht', and he tries
to turn humanity from its 'blindes Elend' to the 'Sonnenlicht' of
freedom.[16] In Braun's drama Guevara develops a doctrine of
emancipation according to which the oppressed individual 'löscht
in sich die Finsternis und auch / Außer sich' by an act of deadly
violence against the oppressor (78). That promise, however, is
contradicted by the stage direction covering the entire course of
events in Bolivia: 'Alle Szenen der rückläufigen Chronik, außer
der letzten in Havanna, spielen nachts oder in der Dämmerung'
(40). Clearly this means that Guevara's existentialism of violence
fails to irradiate the darkness of its setting or the minds of its
practitioners. But to understand more fully the play's symbolism
of light and dark we may turn to a prose-poem entitled 'Höhlengleichnis', which Braun wrote at the same time he was working on

Guevara.[17] The cave-simile referred to is the celebrated allegory of knowledge in Plato's *Republic,* which Braun subjects to a pulveriz-ing reinterpretation. In the original the prisoners in the cave have 'their necks and legs [. . .] so fastened that they can only look straight ahead of them and cannot turn their heads'. Crouched in this position they never see directly the light and the objects behind them, but only the reflections of those objects cast by the light onto the walls of the cave. So they regard the shadows as reality and can never know the objects in their actual form, still less the daylight world outside their underground prison or the sun itself, representing the highest degree of truth.[18] In Braun's version the prisoners are not contented with shadows, and after thousands of years of effort some at least manage to turn their heads in search of reality, only to discover that 'die große Lichtquelle, die uns aufgehen sollte [. . .], war nicht vorhanden'. Nor is there an exit to the cave, 'sondern hinter uns kauerten andere Leute, wie andere immer vor uns kauerten in der selben Dämmerung'. The light they had attributed to a brilliant singular-ity outside their world is given off by the prisoners themselves, each contributes a faint gleam to the collective luminosity in which their 'minimale Bewegungen' are fleetingly projected onto the walls of the cave. But those walls too are an illusion, and the prisoners begin to realize that they are in fact constrained by being 'unglücklich gruppiert', fettered in unhappiness by the structure of their social relations. To see the chains as a social metaphor does not, however, mean that they are broken, and the attempt to stand upright and attain full humanity is still too agon-izing for most of the prisoners. Only a few are prepared to ignore the pain and stand erect in absolute revolt against the 'Dämmerung' of repression. And in this act of defiance they 'leuchteten für Momente grell, besonders ihr Großhirn wie eine phosphoreszierende Masse'. For a brief instant they appear some-how to represent the sun itself. Momentarily they are, like Hölder-lin's Empedokles, the 'neue Sonne' transmitting the life-force of 'allentfaltend Licht'. Or they can be related to those individuals in Plato's allegory who are conducted to the outside world and learn to gaze upon the sun, the symbol of ultimate knowledge, but then return to the cave so that their understanding of the ideal may benefit their benighted companions.[19] In Braun's version though, the 'große Lichtquelle' is a chimera, and those whose heads blaze with the light of the sun are not predestined philosopher-kings but

the victims of a grandiose delusion. Blinded by the brightness of
their ideal they disregard the intractable realities of the realm of
darkness, and their revolt, magnificent though it may be, is
doomed to failure. When they fall from their hopeless venture
back into the detritus of history, their bodies are 'verbrannt', as if
to indicate that they have been consumed by their own incan-
descent motivation. This image gives us a direct link with the
opening moments of *Guevara*, when 'der blutige, halbverbrannte
Leichnam Guevaras' is dropped onto the stage, and this suggests
the possibility of reading the whole structure of the drama as a
'Höhlengleichnis'. The only scene involving Guevara that is played
in daylight is the very last one, set in Havana, in which he deter-
mines to extend the revolution from Cuba to mainland Latin
America. The Cuban experience is, we might say, his 'große Lichtquelle', his Platonic ideal of revolutionary method. But he plunges
into the darkness of quite different circumstances, and the rest of
his career is seen as a tunnel of error and unknowing, made ines-
capable by his absolute commitment to the ideal seared into his
brain.

The 'Sonnenstaat' of the title can be understood at one level in
connection with this set of imagery. It suggests an affinity between
Che's revolutionary project and the utopian tradition, in particular
Campanella's *Civitas Solis* of 1623, which describes an ideal state
under distinctly Platonic authority: 'They have a chief priest, who
is called Sun, and in our language one would say Metaphysician;
he is the head of all, in matters both spiritual and temporal.'[20] It is
not that post-revolutionary Cuba itself is for Che a realized utopia;
he feels uneasy in his role as an administrator there because he is
acutely conscious that Cuba represents only a local and limited
victory. As long as imperialism prevails elsewhere in the world it
will exert a subversive pressure on this vulnerable enclave of
socialism. And so Cuba can be seen only as a first step in the per-
manent revolution that must be urgently and relentlessly developed in order to establish 'die neue Ordnung' and 'ein / Neues
menschliches Wesen' (92) on a global scale. The 'Sonnenstaat'
refers to that vision of a completely regenerated world, which is
utopian in the sense that Che predicates it on the global redupica-
tion of the same methods by which the Cuban revolution was
won. And to predicate a social ideal on a methodology fatally
flawed by its dogmatism is no more promising than to dream it
out of thin air. Guevara's 'Sonnenstaat' is consumed in the flames

of his burning conviction and is therefore just as unreal as the perfect commonwealth of Campanella's imagination.

At another level of the drama, however, the motif of the 'Sonnenstaat' has a quite different though equally critical function. Counterpointed with Guevara's tragedy are the scenes of slapstick comedy between Bedray and Bumholdt. Bedray's role is an easily decipherable satire on Debray, the theoretician of the *foco* strategy. He searches with his binoculars for the approach of the guerrillas (41), climbing higher and higher to see further into the distance (44); but the audience knows that Guevara and his men are already dead and buried. In a burlesque parallel to Guevara's inspired blindness Bedray exclaims: 'Die Sonne blendet [. . .]. Ich sehe nichts' (43), and when his head falls off he continues to prate enthusiastically – 'aus welchem Loch?', Bumholdt wonders (67–8). Finally Bedray disappears from view and transcends the real world on the wings of romantic poetry – before he is unceremoniously shot down from his perch by his irate companion (89–90). The comical critique in all this (and much more in the same vein) is transparently, even provocatively, crass and direct. But the significance of Bumholdt, the other clown, is not as obvious. Rearranging his name yields perhaps a reference to Alexander von Humboldt, whose epoch-making travels of discovery in South America could be linked with Bumholdt's crude archaeological excavations on stage. This would suggest a satirical view of European concern with the exotic past, but the archaeological theme itself hints that we have to 'dig' deeper for the exact meaning of Bumholdt's activity, and this hint is reinforced by Bedray's quotation from Brecht: 'Ein gutes Stück braucht viele Untiefen, undurchsichtige Stellen [. . .]' (66). Bumholdt is motivated in his archaeological efforts by admiration for the Incas, and it is in this context that the 'Sonnenstaat' of the title actually appears in the text: 'Die Inkas vergötterten die Sonne. Sie beteten sie an. [. . .] Der Sonnenstaat . . . Keine Sklaven, keine Schulden, keine Unterschiede' (43). Bumholdt celebrates Inca civilization as a model of communal egalitarianism, and points delightedly to evidence of the economic progress made possible by its organizational structure: 'Der Typ der bewässerten Terrassen andeutend die beträchtlichen, nur bei staatlicher Leitung und Kollektivarbeit der Massen mögliche Erweiterung der Anbaufläche' (43). The bureaucratic syntax of this eulogy is perhaps a clue to its satirical meaning, but that meaning becomes fully apparent when we relate

the Inca theme to the critique of the GDR contained in Rudolf
Bahro's *Die Alternative*, first published in 1977.

In this book Bahro draws a sharp contrast between the state-
and party-dominated structure of 'real existierender Sozialismus'
and the theories of Marx and Engels, who postulated the wither-
ing away of the state in communist society. The socialism of the
GDR, Bahro argues, has more in common with certain ancient
systems of 'Ökonomische Despotie', the classic example of which
is Inca civilization.[21] The power of the Inca rulers was based on
their 'uneingeschränkte Verfügung [. . .] *über die gesamte Mehrar-
beit der Bevölkerung*, die über zwei Drittel der überhaupt veraus-
gabten Arbeit darstellte. Die ökonomische Grundlage, deren
höchst bedeutende Ausdehnung die Inka-Herrschaft geschichtlich
rechtfertigt, war eine hochentwickelte, mit diffiziler Bewässerung
aus den Gletscherabflüssen kombinierte Terrassenkultur des
Maises'.[22] It is exactly these features of Inca economic life that
Bumholdt eulogizes – the state's control of the collective labour of
the masses and the expansion of productive capacity this makes
possible. Bumholdt's point about social equity under the Inca system is also present, though in qualified form, in *Die Alternative*:
Bahro concedes that although the ruling caste undoubtedly used
their power to enrich themselves, they also ensured the equitable
distribution of what was left over and considered the material
well-being of their subjects as 'ureigenstes Herrschaftsinteresse'.[23]
Through the figure of Bumholdt, Braun is making substantially the
same point as Bahro about the atavistic character of what passes
for socialism in the GDR. The Inca system, Bahro states, is indeed
'die reale Urheimat so manches utopischen "Sonnenstaates"', and
might well be admired and emulated by those who see the sole
purpose of socialism as the provision of a better standard of living
than capitalism can offer.[24] We can interpret Bumholdt's enthusi-
asm for the 'Sonnenstaat', taken together with his disgust at the
contents of a Coca-Cola bottle he digs up (43), as Braun's satire on
such apologists of 'real existierender Sozialismus'. So Bumholdt's
name could be a satirical reference to the Humboldt-Universität as
a bastion of GDR ideology.

Bahro goes on to identify the debilitating effects of the Incas'
strict control over society and production: 'Das Gesamtergebnis
war die historische Disqualifizierung der unmittelbaren Produ-
zenten, die in wenigen Generationen zu stumpfer Unmündigkeit
und Initiativlosigkeit herabsanken'.[25] The habit of unconditional

compliance with the will of the state produces the condition of 'Subalternität' that Bahro analyses later in his book as a particular form of alienation. This problem has also been taken up by Braun in another poem from *Training des aufrechten Gangs* entitled 'Machu Picchú' after the last stronghold of the Incas.[26] With the ruins of this place in mind Braun reflects on the reasons for the sudden disintegration of such a highly organized society. It was the very rigidity of the Inca system that explains its collapse, for when they went to war against the Conquistadors there was 'Wie gewöhnlich / Kein Diskutieren an der Basis, nur / Berichte aufwärts klimmend'. And when the king flees and the controlling instance is no longer in place the whole will and fabric of the society is instantly dispelled: 'kopflos seine Heere, heißt es / *Lösten sich auf wie Rauch*'. The chain of command is the only integrative factor in such a society, which possesses no organic resilience, no capacity for adaptation or problem-solving on a different basis. In a wry aside at the beginning of the poem Braun clearly indicates the affinity of this 'Leben, das den Tod in sich hat' with the kind of socialism that he is subject to: '(aber wir sind / Sonstwo wo immer sonst, Salud, Genossen)'. And by the end of the poem he seems reconciled, even contented, with the nemesis that must overtake such authoritarian brands of socialism, perceiving in the green covering of the ruins – 'der Wald, der aus den Knochen wächst' – something that his 'Genossen' do not: a symbol of life returning to the site of a life-denying order that has passed away.

The Inca theme is clearly part of a critical discourse on the nature of the GDR which emerged openly in *Die Alternative*, but which developed as a subversive code of intellectual resistance well before then, since the part of Bahro's book that links the ancient and modern forms of 'Ökonomische Despotie' originated as early as 1972–3.[27] During the gestation period of this critique Braun and Bahro were closely associated, sharing an urgent concern with the problems of authoritarian socialism. Bahro introduced Braun to literature on ancient forms of economic despotism, and they discussed the authoritarian model of socialism attacked in Engels's *Anti-Dühring*. Braun possessed a manuscript of *Die Alternative* before it was published, and his simultaneous treatment of the same theme in *Guevara* was a clear act of solidarity with the friend who went to prison for his outspoken attack on the GDR. But Braun was an active partner in this critical discourse, not just a passive recipient. In connection with these ideas he stated: 'Ich habe gemeinsam mit Bahro versucht, unsere Epoche zu verstehen'.[28] Indeed his handling of the Inca theme as a critical key to the GDR is in some respects more radical than Bahro's, for example in the last of the comic interludes in *Guevara* where Bumholdt is overcome with hunger and scrabbles furiously beneath the Inca remains in search of the cruelty and cannibalism of the Aztecs: 'In Mexiko sollen bei einem einzigen Festakt 20 000 Personen geopfert worden sein, und sicher hat man einen guten Teil davon gefressen. [. . .] Denn Fleisch war knapp, bei der Lage der Landwirtschaft' (90). The ravenous Bumholdt senses that directly beneath the benign despotism of the Incas there lies a dreadful substratum of savagery which he has to disinter in order to still his hunger. In other words the 'normal' forms of economic despotism could, under adverse circumstances, degenerate into genocidal barbarism. Braun's critical archaeology of the 'Sonnenstaat' ends with a chilling intimation of what the breakdown of 'real existierender Sozialismus' might have been like if its rulers had defended their position to the last.

Guevara oder Der Sonnenstaat mounts a critique of two aberrant forms of communism, marking out a disintegrative polarity in the movement. On the one hand there is the 'infantile disorder' of febrile adventurism, on the other hand the sclerotic rigidity of bureaucratic collectivism. Braun also suggests that these polar opposites have a good deal in common. Both derive from a dogmatic, quasi-religious conviction and are incapable of responding to new circumstances; and both are essentially élitist, hence their symbolic association with the sun, which in political terms connotes the absolute authority of the Sun King as well as the utopian closure of blueprints like the City of the Sun, and in philosophical terms recalls the Platonic sun that 'produces the changing seasons and years and controls everything in the visible world'.[29]

There is one scene in the play that touches on the possibility of a reconciliation between these curiously similar opposite extremes. Monje, the secretary of the Bolivian Communist Party, tries to persuade Guevara to accept the authority of his organization. Despite Guevara's contemptuous retort 'Dies ist die Zeit des Apparats nicht mehr' (85), it is clear that much of Monje's criticism of his methods is correct; because of the reverse chronology, Monje's dire predictions about the failure of the guerrilla campaign (86) have already come true before he voices them. And Monje's own theory of revolution is not bureaucratic for it does not posit the unconditional supremacy of the party apparatus. He does admittedly stress the importance of the 'Programm / Das in die Massen dringt' (84), but he insists that the 'Plan', the precise strategy for realizing that programme, will arise out of the response of the masses; and the task of the party is to immerse itself in the people's conditions of life and help them focus their own revolutionary ideas and energies:

> Der Plan wächst aus den Massen wie das Gras
> Aus dem Boden. Komm auf den Boden, Che.
> Nur die Partei, die Teil der Gegend ist
> In der sie handelt, und vermischt mit allen
> Sammelt die Kraft, die ihr verpulvert einsam. (83)

The phrase 'vermischt mit allen' clearly implies that the party cannot function as a separate and superior entity, but must engage in a constructive interaction with the people, who alone can generate the 'Kraft' of revolution. This policy line seems to echo the perception in 'Höhlengleichnis' that the light emanates from every one of the prisoners in the cave, not from somewhere outside. Monje points the way to a true 'Sonnenstaat' that can only be conceived as an active fusion of all the wills and aspirations of the oppressed. He seems then to represent a more positive and persuasive 'third way' towards revolution, involving a dialectical relationship between the vanguard and the masses. But when his approach is rejected by Guevara he finds himself totally isolated, for his attempt at mediation was not sanctioned by the party, and only its successful accomplishment could have vindicated him. It is a bleak conclusion, implying that a third way is barred by the unyielding attitudes of the rival extremes. Monje's position is indeed the positive point of convergence of Braun's dual critique, but as he disappears from the scene – 'Ins Nichts', or as Guevara comments 'wie zum Galgen' (88) – the practical possibilities of such a stance are thrown into doubt, and the great dichotomy remains as an intractable problem of the communist movement.

It could be argued that the historical Mario Monje was not an appropriate model for a dramatic figure whose fate carries such a crucial charge of pathos and pessimism. The real life Monje did indeed, according to Guevara's diary entry for 1 January 1967, leave the camp despondently after failing in his mission and

indicating that this meant the end of his political career: 'Am
Morgen sagte mir Monje, ohne mit mir zu diskutieren, daß er
zurückgeht und seine Abdankung von der Parteiführung am 8. 1.
vorlegen werde. Seine Mission sei seiner Meinung nach beendet.
Er ging weg wie einer, den man zum Galgen führt'.[30] But three
weeks later Guevara notes: 'Mario Monje sprach mit dreien, die
aus Kuba gekommen waren und brachte sie davon ab, in die
Guerilla einzutreten. Er hat sich nicht nur nicht von der
Parteiführung getrennt, sondern Fidel auch ein Dokument
geschickt'.[31] Far from disappearing into a political limbo as he
pretended he would, Monje was busy using his party authority to
sabotage Che's recruitment efforts and trying to turn Castro
against him. This raises the whole thorny problem of the relation
of drama to history, and we shall perhaps have to accept Braun's
selective use of the Monje materials as an exercise of dramatic
licence for the construction of a standpoint crucial to the argument
of the play. Braun himself covers the problem with a rather per-
emptory ruling: 'Das Stück ist nicht dokumentarisch. Die Figuren
sind erfunden.'[32] Even the presentation of Guevara, then, must be
regarded as a fiction within which the documentary elements have
a status different from their historical relevance, and may include
materials from outside the strictly biographical sphere. One
example is Guevara's existentialism of assassination, which is, as
we have seen, a fundamental part of his revolutionary ethos –

> Töten
> Heißt zweimal treffen: einen Unterdrücker
> Und einen Unterdrückten. Und was bleibt
> Das ist ein toter und ein freier Mensch [. . .] (78)

– but which is actually based on a passage from Sartre's preface to
Frantz Fanon's *The Wretched of the Earth:* 'The rebel's weapon is the
proof of his humanity. For in the first days of the revolt you must
kill: to shoot down a European is to kill two birds with one stone,
to destroy an oppressor and the man he oppresses at the same
time: there remain a dead man, and a free man.'[33]

There is, however, one important reference-figure in the drama
to whom the principle of fictionality cannot strictly apply. Denis
Bedray is a fiction, but his sole *raison d'être* is the lampooning of a
real person; precisely because his name is an unmistakable cipher
for Régis Debray, his foolish antics can be interpreted as a direct

comment on Debray's politics. And it is a comment against which Debray deserves to be defended, since his writings show him to have been much more reflective and clear-sighted than Braun's caricature implies. In the first place Debray argued *before* the start of Che's Bolivian campaign that Bolivia was 'the only country in South America [. . .] where the revolution might take the classical Bolshevik form' and that 'the theory of the *foco* is thus in Bolivia, for reasons of historical formation which are unique in America, if not inadequate at any rate secondary'.[34] Notwithstanding this statement, he did become involved in the Bolivian adventure to the extent that he went there ahead of Che's expedition to survey likely areas for *foco* operations. His choice fell on Alto Beni, a region not only suited by its terrain to guerrilla warfare but also close to urban centres.[35] From this position the *foco* could have played a 'secondary' role in close support of the highly advanced industrial struggle, so it was a recommendation consistent with what Debray had written about the special circumstances of Bolivia. However, Che himself overruled this proposal and the comparable option of Chaparé in favour of the Nancahuazú region, which was, from both the topographical and the socio-economic point of view, an entirely unsuitable choice. This was because Che had set his sights too high. He was thinking not so much of the optimal preconditions for a Bolivian revolution, but rather about the chances of spreading revolution throughout Latin America, so he chose Nancahuazú because it was close to the borders of other countries.[36] The satirical image of a man searching with his binoculars for a revolution in the far distance might be applicable to Guevara, but hardly to Debray, whose chief concern on his reconnaissance was clearly to assess the local situation with a view to ensuring victory in Bolivia. The need for such close attention to particular and immediate factors is a recurrent theme in Debray's writings. In the essay cited above he makes it abundantly clear that a guerrilla war must always be carefully planned in relation to its context: 'Armed struggle absolutely cannot be brandished in Latin America as a categorical imperative or a remedy in itself: armed struggle conducted by whom, one may ask, when, where, with what programme, what alliances? [. . .] In other words, the *foco* cannot constitute a strategy in itself without condemning itself to failure.'[37] Debray also insists in 1965 that rapid historical changes in the environment of revolution must be recognized as a part of the strategic equation: 'the Cuban revolution has, to a large extent, *transformed the conditions of transformation* of Latin America. *A socialist revolution also revolutionizes counter-revolution.* [. . .] Cuba condemned to failure any mechanical attempt to repeat the experience of the Sierra Maestra.'[38] Such cautionary observations as these might well have been pitted in the drama against Guevara's fixation on the elemental act of violence and on the Cuban paradigm. Debray also has clear views on the subject with which my article began, the export of the *foco* theory to western industrial society, though at the time he expressed these views the prospect was still a hypothetical one: 'If this body of new ideas were to be transposed [. . .] from certain Latin American countries where it has its roots to the United States or Western Europe, there would of course be a danger of [. . .] reducing what it affirms as a revolutionary policy to something that appears as pantomime or simply romantic radicalism.' Debray complements this point in a way that prefigures exactly Braun's view of the communist schism: such revolutionary romanticism, Debray argues, is a reaction against 'the dramatic inability of the European Communist movement, East and West, to diffuse any living idea. [. . .] In the final analysis, this is the failure of the European socialist system to establish anything beyond what it is – a politico-economic system – something like a new civilization [. . .] or an evaluation of man different from that made by capitalism'.[39] The Régis Debray who wrote this would have understood perfectly well Braun's vision of a communist movement split into two extremes, one of which thinks it can fly while the other lurks in the ruins of the past; but he would have been surprised to find himself relentlessly pilloried in a play that bears so close an affinity to his own way of thinking. It is arguable that Debray should have been cast not as the second clown in this drama, but as the Greek chorus.

Notes

[1] Page numbers given for quotations from the play refer, unless otherwise indicated, to Volker Braun, *Stücke 2* (Frankfurt/M, Suhrkamp, 1981). Reference will also be made to the Mannheim edition = *Guevara oder Der Sonnenstaat. Schauspiel von Volker Braun* (Nationaltheater Mannheim, 1977).
[2] Herbert Marcuse, *One Dimensional Man. Studies in the Ideology of Advanced Industrial Society* (Boston, Mass., Beacon Press, 1964). German

translation: *Der eindimensionale Mensch*, first published: Frankfurt/M, Luchterhand, 1967.

[3] Herbert Marcuse, *Der eindimensionale Mensch* (Frankfurt/M, Suhrkamp, 1970), 28–9.

[4] Hans Magnus Enzensberger (ed.), *Georg Büchner. Der Hessische Landbote* (Frankfurt/M, Insel, 1964), 166–9.

[5] See especially the section 'Proletarier und Kommunisten' in Karl Marx, Friedrich Engels, *Werke* (Berlin, Dietz, 1959), IV, 474–82.

[6] First published in France under the title *Révolution dans la révolution?* (Paris, Maspero, 1967).

[7] Rudi Dutschke, *Geschichte ist machbar*, ed. by Jürgen Miermeister (Berlin, Wagenbach, 1980), 94.

[8] Irmgard Wilharm (ed.), *Deutsche Geschichte 1962–1983. Dokumente in zwei Bänden* (Frankfurt/M, Fischer, 1985), II, 196–7.

[9] Mannheim edition, op. cit., [10–11].

[10] Ernesto 'Che' Guevara, *Reminiscences of the Cuban Revolutionary War* (Harmondsworth, Penguin, 1969), 186.

[11] Régis Debray, *Revolution in the Revolution?* (Harmondsworth, Penguin, 1968), 56.

[12] Christine Cosentino, 'Volker Brauns roter Empedokles: *Guevara oder Der Sonnenstaat*', *Monatshefte*, 71 (1979), 41–8.

[13] Mannheim edition, op. cit., [5].

[14] Friedrich Hölderlin, *Werke und Briefe*, ed. by Friedrich Beißner and Jochen Schmidt (Frankfurt/M, Insel, 1969), II, 549.

[15] Ibid., 480.

[16] Ibid., 464, 494, 472, 505, 508.

[17] In Volker Braun, *Training des aufrechten Gangs* (Halle; Leipzig, Mitteldeutscher Verlag, 1982), 60–1.

[18] Plato, *The Republic*, translated with an introduction by Desmond Lee, second revised edition (Harmondsworth, Penguin Classics, 1974), 317–19.

[19] Ibid., 324.

[20] Thomas Campanella, *The City of the Sun*, translated by A. M. Elliott and R. Millner (London; West Nyack, Journeyman Press, 1981), 18.

[21] Rudolf Bahro, *Die Alternative. Zur Kritik des real existierenden Sozialismus* (Reinbek bei Hamburg, Rowohlt, 1980), 62.

[22] Ibid., 63.

[23] Ibid., 64.

[24] Ibid., 65.

[25] Ibid.

[26] *Training des aufrechten Gangs*, 32–3.

[27] *Die Alternative*, 99.

[28] Braun discussed these details of his relationship with Bahro in an interview with me in Swansea on 15 March 1994.

[29] *The Republic*, 319.

[30] Ernesto 'Che' Guevara, *Bolivianisches Tagebuch* (München, Trikont, 1968), 47.

[31] Ibid., 55.

[32] Mannheim edition, op. cit., [2].

[33] Jean-Paul Sartre, 'Preface', in Frantz Fanon, *The Wretched of the Earth* (Harmondsworth, Penguin, 1967), 19.

[34] Régis Debray, 'Castroism: the long march in Latin America', first published 1965, reprinted in Régis Debray, *Strategy for Revolution* (Harmondsworth, Penguin, 1973), 29–99, here 45.

[35] James Dunkerley, *Rebellion in the Veins. Political Struggle in Bolivia 1952–1982* (London, Verso, 1984), 139.

[36] Ibid., 135–40.

[37] *Strategy for Revolution*, 59.

[38] Régis Debray, 'Problems of revolutionary strategy in Latin America', first published 1965, reprinted in *Strategy for Revolution*, 135–84, here 150.

[39] Régis Debray, 'Reply to my critics', first published 1969, reprinted in *Strategy for Revolution*, 275–86, here 280.

7

Volker Braun's *Unvollendete Geschichte*: 'das Fehlverhalten einzelner' or How the GDR Was Lost – a Textual Analysis with Hindsight

ANDY HOLLIS

Volker Braun's *Erzählung Unvollendete Geschichte* (1975)[1] tells the story of eighteen-year-old Karin, conformist daughter of a GDR state official, and her boyfriend Frank, reformed delinquent son of a couple with no apparent political interests. Frank, according to Karin's father, *'habe irgendwas vor'* (32); so initially, under duress, Karin agrees to leave him. She soon returns to Frank, however, and becomes pregnant. Neither of them can guess the nature of the suspicion hanging over Frank ('Er sollte die Republik verlassen', according to the father, later [59]). Karin herself prefers not to worry, assuming optimistically that everything will resolve itself. But when Karin is pressured by her boss (the *Chefredakteur* of the local SED *Bezirkszeitung*), by the *Stasi* and by her father into deserting Frank once more, he attempts to commit suicide. She arrives at his flat to fetch her things just after he has taken an overdose. 'Jetzt mußt du hartbleiben' (53), she says to herself as she leaves him for a third time, despite his sleepy entreaties. She pauses only to imply that she might have their child aborted. That night – exactly half-way through the narrative – she learns that Frank has been taken to hospital and might not live. The second half of the *Erzählung*, before Frank finally totters out of hospital into an uncertain future and into the arms of an uncertain, though much matured, Karin, relates both how officialdom seeks to cope with the affair, by declaring it a secret, and how Karin endeavours to come to terms with what society and, as she realizes eventually, she herself have done to Frank. The ambiguous last words of the narrative, set apart from the rest of the text, are: 'Hier begannen, während die eine nicht zuende war, andere Geschichten' (81). It is among other things this ambiguity which I wish to address in this essay.

One doubts that when writing the narrative Braun was able to imagine the upheavals of 1989, fourteen years on. And yet *Unvollendete Geschichte* illustrates not only virtually all the reasons why the GDR ultimately succumbed; it also hints, I shall seek to argue, at why the eventual revolution took such a different course from that expected by some of those who took to the streets with the confident slogan: 'Wir sind das Volk'. From the beginning, in August/September 1989, there were at least two streams to the current of protest which reached cataract proportions that November with the opening of the Berlin Wall. One consisted of individuals who had given up all hope of real improvements in the quality of life in the GDR and had no desire to remain there (*Übersiedler*). The other involved those people, especially writers and artists, still fired by hopes of a genuinely socialist existence (*Hierbleiber*). Both sets of attitudes, the pessimistic – as far as the future of the GDR was concerned – and the optimistic, are represented in *Unvollendete Geschichte*. In this essay I shall be attempting to gauge, with textual analysis leaning heavily upon hindsight, the relative force within the text of these two main tendencies.

One of the reasons for the success of this narrative in the former Federal Republic was, as Charlotte Koerner observes, that it portrayed problems of GDR socialism 'anscheinend [. . .] auf eine für Braun ungewöhnlich pessimistische Weise'.[2] A high-profile member of the Socialist Unity Party appeared to be denouncing Party and State – at international, ideological, social, psychological and material levels.

At international level *Unvollendete Geschichte* is a portrayal of the effects of the Cold War and the division of Germany. Although the words 'kalter Krieg' and 'Teilung Deutschlands' never occur in the text, the two concepts dominate the action of the story. Had the West, for instance, not been regarded in the GDR as a potential enemy, Frank would not have been treated as a possible deserter and would not have been driven to attempt suicide. This point might appear obvious enough, but it does need emphasizing. The ending of the Cold War has removed one essential element in the fundamental conflict portrayed. In that sense, the story can be viewed as having been 'completed' by history.

One of Volker Braun's main literary concerns was the relationship in the GDR between 'Führende' and 'Geführte'.[3] The division in this text, however, is less hierarchical than ideological. The dividing line lies between the 'convinced' and the 'un-convinced',

a distinction lampooned by the narrator in the following summary
of Karin's own simple creed:

> Es gab [. . .] nur zwei Plätze im Leben [. . .]. Auf der einen waren
> die, die ÜBERZEUGT waren und die anderen überzeugen mußten.
> [. . .] Auf der andern – die MUSSTEN ÜBERZEUGT WERDEN. (38)

The Cold War was explained ideologically to the people of East
Germany in terms of an 'international class struggle', in which the
peoples' democracies of Eastern Europe, representing an international proletariat, found themselves pitted against the might of late
Western capitalist imperialism. Mistakes, it was admitted, might
be made in the GDR ('solche Geschichten [wie Franks – AH] hör
ich oft – die unannehmbar sind', says the Bezirkssekretär [65]), but
these, it is implied by the convinced, are as much the fault of the
West as of the East. Hence Karin's father, confronted by the
near-suicide of his daughter's boyfriend, proclaims: 'das ist der
Klassenfeind, der das hervorbringt!' (59).

The ideologically convinced in this *Erzählung* are both sustained
and watched over by the state security police, who, as 'Schild und
Schwert der Partei', open Frank's mail, thus triggering the action,
'inform' (32, 33) Karin's father of his allegedly impending flight
and, in the form of a 'freundlicher junger Bursche' (47), are instru-
mental in causing Karin's final desertion of Frank (47–8) and
hence his bid to gas himself. The same 'junger Mann' (64) is also
present throughout a conversation between Karin's father and the
Bezirkssekretär (63–5), which might help to explain the latter's
encoded deliberations on questions of GDR identity and the GDR
economy (65 – see below).

The split between the convinced and the apolitical, in this text,
has social consequences which could be described in Western
terminology as the emergence of an upper middle class with distinctly snobbish tendencies: '. . . diese Familie allein', says Karin's
father of Frank and his parents, 'das ist für uns untragbar' (32),
and he later refers to the parents simply as 'diese LEUTE' (70). As
Frank's father correctly observes: 'Wir sind kein Milieu für sie'
(46). The subjectively class nature of the differences being discussed here, based upon divergent attitudes rather than upon
ownership of the means of production, can be seen, too, both from
the matter-of-fact way in which Karin and her mother travel
around in their father's/husband's official car, as if it were part of

their family trappings, and from Karin's at least initial assumption, shared by her parents, that all of her family, including her 'Geschwister' (38), are, as if by nature, 'convinced'. 'Ihr wißt, wo ihr hingehört', says her father to Karin and her sister (58). Yet Karin's sister, a hairdresser, appears to be less concerned with matters political than with enjoying herself, a point conceded elsewhere by the parents themselves: 'Sie war, sagten die Eltern, AUS DER ART GESCHLAGEN' (41), an expression reminiscent of Third Reich terminology, suggesting that, as far as Karin's parents are concerned, political conviction is more a matter of family than of attitude, of 'Blut' rather than 'Vernunft'.

Within this narrative, then, social position is linked to, though not determined by, ideological position which, in turn, is restricted, bolstered and rendered more aggressive by the existence of the Cold War. The effects of this combination upon individual psychology and behaviour are shown to be devastating. In a display of the knee-jerk suspiciousness which so nearly costs Frank his life, for instance, the otherwise quite amiable *Bezirkssekretär* reaches for a pistol as soon as he sees two men (Karin's father and the *Stasi* official) approaching him in the distance (64). Similarly, Karin's father, finding himself caught between his dual roles as parent and state official, opts initially for the latter and directs all his aggression at his daughter. Karin's mother, on the other hand, has evidently internalized the Cold War to such an extent that her whole life has become a series of political functions in which there is little room for humane responses: 'Das Leben [ist] doch die FUNKTION!' she declares (50). Meanwhile, Karin herself, faced with the disapproval of the ultra-convinced, of whom she has hitherto considered herself one, sinks into a state of alienation and confused self-pity so nearly as deadly to Frank as the mood of rigid ideological vigilance which surrounds her.

Braun's critique of the GDR in this narrative also includes more material matters, problems which constantly irked GDR citizens and contributed to a sense of disaffection among potential *Übersiedler* and *Hierbleiber* alike. The text focuses on three areas in particular which have all become internationally notorious since the collapse of the GDR: a polluted environment, a dearth of good accommodation and a poor economy relative to that of their western neighbour.

The environment is experienced for the most part in this text through the eyes of Karin. Descriptions of landscapes are largely a device to indicate her bewilderment, despondency and sense of dislocation (35, 46, 49). To that extent, such descriptions in *Unvollendete Geschichte* are not entirely reliable: the reader cannot usually be certain of the amount of subjective colouring induced by the dual point of view adopted by the narrator. There is one brief episode in the story, however, from which Karin is entirely absent, a scene which opens with the narrator's perspective on the environment and closes with an equally depressing dual, or even triple, perspective. When Karin's father and the *Stasi* official set off in search of the *Bezirkssekretär*, the scenery appears at first idyllic. This soon changes:

> Die Luft war warm und frühlingshaft. Sie wanderten durch die Aue, die im Abendlicht grün leuchtete, eine Stimmung von RUHE und FRIEDEN auf dem Land. (Das konnte auch daher rühren, daß kein Mensch zu sehen war.) Das Ufer flach und leer, mit kleinen kahlen Buchten. Das Wasser dunkel, schnell, mit weißer Gischt, man sah keine Handbreit tief. Ein rauher, beizender Geruch. Auf den Buhnen kein Angler, die Fische waren nicht mehr genießbar. Die Insel zwischen dem Strom und dem alten Flußbett, mit Sträuchern dicht über der Brühe, alles zugewachsen. Sie erblickten hinten auf dem Deich den Mann, [. . .]. (64)

An experiencing subject is clearly present here in both the vocabulary of sensual perception ('man sah'/ 'Geruch'/ 'nicht [. . .] genießbar') and the impressionistic, elliptical syntax ('alles zugewachsen'), but there is no sense of a mood dominating reality as when Karin first starts out for M. (35). Nor is this the case in the paragraph which rounds off the section, although the experiencing subjects are now specified by the narrator:

> Der Vater war nicht erleichtert, als sie aus den Wiesen stiegen. [. . .] Der Bezirkssekretär zog ihn durchs Gelände, um ihn von dem Unglück abzulenken. Der Gestank des Flusses verfolgte sie, er kannte sich damit aus. [. . .] Sie sahen auf das breite Wasser, das trüb und halb abgestorben in der Niederung hinfloß. (65)

Despite this triple perspective – father, *Bezirkssekretär* and narrator – it is the narrator's voice which predominates, for there is little difference between this portrayal of the environment and that with which the section opens, quoted above. The depiction of a polluted environment, therefore, comes across to the reader as relatively objective, especially in contrast to the mildly optimistic words of the *Bezirkssekretär* which precede it: 'Es kann sogar noch besser werden' (65), he tells the father, unconvincingly.

This story is not known primarily for its account of the accommodation troubles in the GDR, but Karin's lack of a suitable room of her own does turn out to be crucial to the action. On first arriving in M(agdeburg) to take up a *Voluntariat* at the *Bezirkszeitung* she is told: 'Sie könne anfangen, wenn sie ein Zimmer bekäme' ([35] even less auspicious than 'sobald [. . .] bekomme'). She then goes to Frank's flat and on, with him, to the local *Interhotel*, first to the restaurant (where Braun originally interviewed 'Karin'[4]) and then to one of the bedrooms. This is the first time that they sleep together. The next morning there is 'noch kein Zimmer' (37) for Karin, nor will there be, she learns, for two or three weeks. She returns home. Four days later she telephones her sister in M. and asks: 'Kann ich bei euch wohnen, bis ich ein Zimmer habe' (38). Some days after this 'konnte sie ihr Zimmer ansehn' (42). She finds the room so appalling that Frank suggests she move in with him and his mother. Karin's parents are aghast: 'Dieses Zusammenziehn sei unsittlich, [. . .]' (44). Her father regards her living together with Frank as a betrayal of his trust (45), and Karin is now forced to return to her sister's. In a state of utter dejection following her enforced move she agrees to hand Frank's letters from the West over to the authorities (47). The letters seem only to confirm them in their misgivings about Frank, and they press Karin to leave him again, with unfortunate consequences. By the end of the story, Karin has moved three more times: back home, back to her sister's again and then on to Frank's mother's! If Karin had had a room of her own from the outset, she might well have been spared much of her agony. Where she and Frank will live in the future, assuming that they stay together, is just one of the many 'unfinished' elements in this 'unvollendete Geschichte'.

It is the *Bezirkssekretär* himself, in a perhaps calculatedly inaccessible explanation of why Frank and others have suffered (the *Stasi* official is listening), who points to the underlying economic weakness of the GDR: 'wir Totengräber jagen dem Kapitalismus nach über den Friedhof unserer Pläne' (65), he declares. The proletariat – Marx's 'gravediggers of capitalism'[5] (here: the GDR) – are attempting to defeat capitalism with five-year plans, plans which have to be adjusted so frequently and so radically that they become 'graveyards' themselves. Capitalism, it would seem, is

economically superior to socialism. In a letter to the author of this
essay (November 1987), Braun interprets these words as 'Selbst-
ironie, komische "Verzweiflung"', but it is not unreasonable, especially post-1989, to regard them equally as an expression of all too
justified despair: compared with the West German capitalist
economy, the economy of the GDR has amply demonstrated its
inefficiency. In this text, the economy, according to one of those
responsible for running it, is not only evidently not functioning
properly; the very ideological basis of it, the notion that the
vagaries of capitalist production can be overcome through socialist
planning, has turned out to be false. Furthermore, as many in the
GDR knew all too well, the SED, like the *Bezirkssekretär* in this
passage, dared not acknowledge the fact openly, for that would
have meant undermining an important part of the legitimacy of
the GDR and thereby weakening the position of all Eastern bloc
countries.

As far as the future of GDR socialism is concerned, *Unvollendete
Geschichte*, on this reading, could be described as a thoroughly
pessimistic text. The final sentence ('Hier begannen, während die
eine nicht zuende war, andere Geschichten' [81]) appears simply
to echo the words of the *Bezirkssekretär* quoted above: 'Solche
Geschichten hör ich oft' (65). Braun, then, seems to be indicating
that such calamitous tales as this are, to use the proper socialist
realist term, typical.

Critics have noted, however, that this text could just as well be
interpreted optimistically.[6] They refer less to the one-off, pre-
perestroika assertions of the *Bezirkssekretär* – 'Sie wird *rekonstruiert*'
(my emphasis), he says of an antiquated sewage plant (65) – than
to more fundamental aspects of the narrative: the relevance of the
title, the role of the 'Arbeiterin', the individual development of
Karin and her father and the textual interplay between *Unvollendete Geschichte* and Büchner's *Lenz*.

The main hope for development towards socialist democracy
resides in this text with the 'Arbeiterin', whose speech at a meeting of the Party *Bezirksleitung* Karin reads when she first begins
working at the *Bezirkszeitung*. It is full of the kind of detail of life
in the GDR which so afflicts Karin and her family:

> Keiner war zufrieden, jeder gereizt, und immer Streit. Es war keine
> Freude, morgens aufzustehn. [. . .] Alles wurde mit einem tierischen
> Ernst erledigt. [. . .] Wer den Mund aufmachte, stieß auf eine Mauer

> des Schweigens. Es war zum Verzweifeln. Das hatte auch
> Auswirkungen auf das Familienleben. [. . .] Man kam nirgends zu
> sich. Es war kein vernünftiges Leben. (40)

Karin, too, encounters a 'wall of silence', which she relates to
all-pervasive distrust: 'Warum bemißtraut ihr einander, statt zu
sagen, was euch Sorge macht?' (69–70) Karin, too, nearly despairs
(77). Furthermore, her inability to 'come to herself' underlies the
entire narrative, in which 'sich vergessen' is the prerequisite of her
conformity (33) and 'zu sich kommen' an indication of maturity,
responsibility and an ability to love others (79). And relations with
her family are severely strained by events (71). However, the
reader and Karin know from the outset that the problems which
beset the 'Arbeiterin' have been solved: 'Es war für uns ein
stürmisches Jahr. Wir haben viel Nerven drangegeben, aber die
Lage hat sich verändert. Wie haben wir das gemacht?' (40)

Frustratingly for Karin, the rest of the speech, referred to immediately as 'diese unvollendete Rede' (40), is missing. But the evident link with the title of the *Erzählung* suggests to the reader that
however harrowing what is to be portrayed in the 'unvollendete
Geschichte' might appear, it is nevertheless possible, in a first
allusion to Brecht's *Der Gute Mensch von Sezuan*, 'zu einem guten
Schluß zu kommen' (41). The possible implications of this reference will be discussed below.

Wondering how the 'Arbeiterin' had tackled her problems,
Karin uses for the first time the expression 'DEN BOGEN KRIE-
GEN' (41), a phrase which recurs much later, after her first visit to
Frank's bedside alone in hospital. The choice of words in this sec-
tion reminds the reader immediately of the title of the narrative
and therefore of problems overcome in the 'unvollendete Rede':
Karin

> war sich bewußt, daß ihre *Geschichte* noch *nicht zuende* war, es fehlten
> einige Seiten, oder viele, aber sie konnte sich nicht denken, was noch
> kommen konnte! Die Arbeiterin hatte DEN BOGEN GEKRIEGT – was
> hatte die mehr begriffen? Zu was für einem Schluß war sie gekom-
> men? (My emphasis – 60)

One can estimate narrated time between the two appearances of
the 'Arbeiterin', between pages forty and sixty, as at least eight
weeks. For on page forty-five we read the seemingly simple
statement: 'Sie wurde schwanger'. This is not merely the comment

of a biologically omniscient narrator. For the words are followed by: 'In den ersten Tagen vergaß sies immer wieder, [. . .]', i.e. Karin *knows* that she is pregnant, improbable before six to eight weeks, especially with the relatively crude pregnancy testing technology available in the GDR of the early seventies. We can assume, therefore, that the 'Arbeiterin' has been on Karin's mind by this stage for at least two months. Karin is 'im vierten Monat' (69) when she realizes in terms which recall both title and 'Arbeiterin': 'Hier konnte ihre Geschichte nicht enden' (73). This statement heralds, one page later, the third coming of the 'Arbeiterin', this time in the dream which Braun referred to during his Swansea talk as 'das geheime Zentrum der Geschichte [. . .] der ideele Höhepunkt'.

This dream, too, can be interpreted as implicitly hopeful: firstly, the presence of the 'Arbeiterin' reminds the reader of problems overcome; secondly, the dream provides a vision of the GDR as a society in which equality and openness prevail and where honest self-criticism flourishes: not only is the father 'zerknirscht' (75), but the 'Arbeiterin' too, Karin's guardian angel, blames herself for all that has gone wrong: 'die hab ich alle mal gewebt', she says 'verzweifelt', of the 'lauter Vorhänge und dünne Gewebe' of ideological jargon smothering Frank (75). Thirdly, the repetition of the word 'noch' suggests not only the unacceptability of the present situation, the 'Geschichte' presented to the reader, but also the possibility, or even likelihood, of change. 'Noch' occurs twice within the dream and once just after. On the first occasion it suggests that life for workers is harsh, but that it will not be so for much longer:

es war erstaunlich, daß sie (die Arbeiterin – AH) noch diese Kraft besaß, die mußte aus einer tiefen und unzerstörbaren Idee kommen, an der ihre Klasse festhalten mußte, wenn sie und solange sie die Arbeiten noch tun sollte. (74)

When Karin tries to remember the dream the next morning, the reader learns that 'es fiel ihr noch nicht wieder ein' (76), which implies that one day it well might.

It is possible to view character portrayal too in this narrative as fundamentally optimistic. Of Karin's father Braun said in Swansea: 'Ich gebe ihm eine Chance'. So much is evident from the text. In the course of the work the father develops from a politically conformist, though clearly worried ('bleich und entnervt' [33]), tyrant to a man with doubts, someone prepared to 'sich [. . .] verhalten, wie man selber war' (64), his own expression for the concept of 'coming to oneself'. By the end of the *Erzählung* he has grasped the link between his high-handed treatment of his daughter and his own unwillingness to listen to people's problems. He now begins talking to people in pubs, inconceivable beforehand. As Karin's mother complains, 'Es sei mit ihm was vorgegangen. [. . .] Er sei zu etwas fähig, was sich keiner denkt!' (79). With these ambiguously optimistic words the narrator bids farewell to the father.

The maturation of Karin is a more painful process, but it can still be viewed as giving cause for hope. In the course of the narrative she moves from compliance towards defiance, from self-pity towards self-reliance, from naïvely affirmative socialist commitment towards a more complex view of life in which socialism is a challenge rather than a given, an 'unvollendete Geschichte' rather than an interminable happy ending. She overcomes her fear (79) and sense of dislocation. Self-denying, 'Selbstüberwindung' (66), begins to give way to a process of 'Zu-sich-Kommen', and whereas initially the concept of 'sich selbst vergessen' refers to her willingness to deny both herself and her love for Frank (33), by the end 'self-forgetfulness' has grown into a metaphor of her devotion: 'Sie spürte mit Erstaunen, daß sie jetzt erst Frank zu lieben begann, so, daß sie darüber sich selbst vergessen konnte' (79).

The character of Karin appears in an even more promising light when *Unvollendete Geschichte* is compared with the main protagonist of Büchner's *Lenz*.[7] The fictional Lenz of this fragment is driven by his suffering to constant attempts at suicide and eventually to resignation. 'So lebte er hin' are the famous last words of the text. Karin, though never contemplating killing herself, does consider withdrawing from 'das POLITISCHE LEBEN' (78), taking 'ein Urlaub von der Welt' (77), giving up all commitment to the creation of a better society, performing, in the words of the text, 'ein Selbstmord nicht des Körpers, sondern des Denkens' (78). For her, resignation would amount to a kind of suicide. She rejects this temptation, however: 'Ohne unter den Leuten zu sein', she decides, 'zu reden, zu arbeiten, war das Leben tödlich leer' (78). 'Es muß ja vorwärts gehen', she concludes positively, turning biblical sentences on their heads; 'doch wohl dem Menschen, durch welchen es vorwärtsgeht! Ev. Matth. 18,7' (78).

On this reading, the final words of the story are optimistic: 'andere Geschichten' are not a threat, but a promise. Individuals can learn, as they always have – in literature, at least – through conflict and suffering. They can develop, helping to move society towards the dream of real equality that for Karin is communism.

Viewed historically, in the context of the period when the *Erzählung* was produced, the text can be seen therefore as both critical and hopeful. The problems are presented as difficulties to be overcome if the dream of equality (74–6) is to be realized. Just because little was done in the GDR between 1975 (the year of publication) and 1989, when the GDR began to dissolve as a state, to bring the GDR closer to this dream does not necessarily mean that all hopes of development towards a more democratic form of socialism were futile from the outset. Perhaps problems *could* have been resolved, had they been addressed in the 1970s. All we know now, however, is that largely they were not. Viewed ahistorically, therefore, from the vantage point of today, the narrative appears less positive, less imbued with socialist potential, than if examined within its historical context. The narrator of *Unvollendete Geschichte* pinpoints failings and hints at a solution ('Gleichheit').[8] Most readers nowadays, I suspect, will note the deficiencies and either ignore the solution as *merely* utopian or reject it, much as in March 1990 the overwhelming majority of GDR citizens rejected the socialist aspirations of groups surrounding Neues Forum.[9]

But it is not only the weight of negative evidence cited above which can leave one with a feeling of hopelessness upon rereading *Unvollendete Geschichte*. Even more disturbing from the point of view of outsiders such as myself who hoped that the GDR might develop into a more democratically socialist country is the ultimately unpersuasive quality of the solutions suggested in the text, solutions which in their very optimism remind the present reader of the idealism of the 1989 revolutionaries. Many of them, especially artists and writers, believed, for instance, that it would be possible to retain some kind of socialist economy, but to run it more effectively. The embodiment of socialist aspiration in this narrative, the 'Arbeiterin', has, we learn, already achieved this goal. Working with her fellow 'Genossen' she has apparently solved her (micro-)economic problems (40); but at the macro level we read – more realistically, with hindsight – of a planned economy in disarray (65). Considered from a post-1989 perspective, the notion that the 'Arbeiterin' might have been successful, even at

factory level, while the rest of the economy was in decay, is not
entirely convincing. The presumed 'guter Schluß' of her 'unvollendete Rede', with which this 'unvollendete Geschichte' is so closely
linked, begins to sound like the pipe-dream of the 'convinced', of
which, as she admits (75), she is one. Her apparent achievement
appears even less plausible when contrasted with the visible signs
of economic degeneration already discussed: a polluted environment and a lack of acceptable accommodation. Not even in Karin's
dream of the 'Arbeiterin', in which *glasnost* breaks out, do there
appear to have been any improvements to the economy, or to the
conditions under which the 'Arbeiterin' works (74). But the less
readers feel convinced that the 'Arbeiterin' really has – or could
have – found 'ein guter Schluß' and managed to solve problems at
her factory, the more the 'Arbeiterin' will emerge for them as a
symbol less of hope than of despairing wishful thinking.

   The outlook for the retention of socialism in the GDR appears
no less grim when one surveys other suggested answers to difficulties raised within the narrative. For this there is, I believe, one
overriding explanation: even though the problems touched upon
are generally structural in nature (Cold War, economy), the only
practical solutions suggested are at a purely personal level. One is
strongly reminded here of the epilogue to *Der gute Mensch von
Sezuan*, alluded to several times within the narrative (40, 41, 60):

> Verehrtes Publikum, jetzt kein Verdruß:
> Wir wissen wohl, das ist *kein rechter Schluß*.
> [. . .]
>   Was könnt die Lösung sein?
> Wir konnten keine finden, nicht einmal für Geld.
> Soll es ein andrer Mensch sein? Oder eine andre Welt?
> [. . .]
> Verehrtes Publikum, los, such dir selbst *den Schluß!*
> *Es muß ein guter da sein*, muß, muß, muß![10] (My emphasis)

In the play, the public have been shown a society capitalist in
tooth and claw. Shen Te, the 'good person', is forced to turn herself into a 'wicked' capitalist, Shui Ta, in order to survive and do
good. The 'Lösung' to the problems raised by Brecht, therefore, is
not 'ein andrer Mensch' – Shen Te is 'good' enough already – but
'eine neue Welt' in which being 'ein guter Mensch' requires
neither schizophrenic behaviour (Shen Te/ Shui Ta) nor self-
destruction. Brecht visualized this 'new world' as being socialist or

communist. *Unvollendete Geschichte*, however, describes a society that already regards itself as socialist – and still schizophrenic behaviour (the *Bezirkssekretär*, Karin and her father) and self-destructiveness (Frank) are rife. Brecht's 'new world' (referred to unironically in this text as 'der neuen Gesellschaft' [78]) has, it seems, already been constructed in the GDR. It now only needs to be made more habitable, to be peopled with 'gute Menschen'. The fundamental question for Karin (and, one suspects, for the narrator) is: 'was geschah denn da? *In* der Gesellschaft? Daß es *soweit* kam?' (Braun's emphasis [68]). The socialist revolution, referred to by the narrator as 'Umbrüche und Durchbrüche' (78), has already taken place. Karin's task, therefore, is to look for solutions within social structures which appear to be accepted as given.

Such innocence might be expected of the at least still semi-conformist Karin. But this focus on the personal, on the development of 'gute Menschen' and the demonization of 'bad' ones, is so evident throughout the narrative that it appears to be shared by the narrator.

Karin's father, for instance, does begin to listen to those for whom he is responsible, but in view of the real problems confronting the GDR, depicted so devastatingly in this *Erzählung*, his gesture, though perhaps significant in purely individual terms, is unlikely to effect political change. With hindsight, his gesture is even a little ambiguous: it is not unusual for unhappily married men (72) to begin visiting pubs.

The new Karin is declared to be unafraid (79), capable at last of true love (79), a disciple of truth ('der schonungslosen Wahrheit' [80]) and a political optimist (78). But the one statement – and it is no more than that – of her fearlessness and ability to forget herself in love is in my opinion sentimental in tone, therefore stylistically out of place and hence lacking in conviction:

> Sie spürte auch mit Erstaunen, daß sie jetzt erst Frank zu lieben begann, so, daß sie darüber sich selbst vergessen konnte. Und sich doch deutlicher empfand dabei, als würde sie ihrer selbst sicher. Jetzt löste sich eine dicke Schicht von ihren Augen, ihrer Brust. Sie hatte keine Angst mehr. (79)

Gone are the parataxis, 'erlebte Rede', bold metaphors, irony, allusiveness and ellipsis which so dominate and enliven the style of the rest of the narrative.[11] More in keeping with the style and content of the rest of *Unvollendete Geschichte* is the last recorded description of Karin's thoughts: 'die Gedanken schmerzhafte langsame Würmer im Gehirn, wenn sie einen zerriß, krochen die Teile weiter' (80). At the end of the narrative, Karin is still in torment and has little control over where her thoughts are taking her (hence '*unvollendete* Geschichte').

Her conversion to truth, too, is only partial. The only 'schonungslose(n) Wahrheit' which she is prepared to practise involves divulging to potential employers that she is pregnant and that she has ceased working for a newspaper. The greater truth, the scandal surrounding Frank, is a secret which, out of a desire not to rock the 'real' socialist boat, she is still prepared to keep:

> Sie hatte ja begriffen, daß es eine 'geheime Sache' war. Es wäre ein peinlicher Starrsinn gewesen, auf seinem kleinen eigenen Recht zu bestehn. So weit war die Geschichte noch nicht. Man mußte seine Kraft aufwenden, den Beschluß widerstandslos zu schlucken. (77)

Nor is Karin's new-found political steadfastness entirely credible since it appears to be based upon a naïve – and unrequited – attachment to *Genossen*, whom she regards as friends simply because they belong to the Party. On the one hand, she believes that 'Die einzigen, mit denen sie hätte sprechen können, waren ihre Genossen in der Redaktion' (77); and when considering withdrawal from political activity, she comments: 'Es war leicht, sie brauchte nur die Freunde nicht mehr sehn, die Genossen' (78). On the other hand, her 'comrades' are not presented as friends at all. Among other things, they refuse her any support when she is dismissed from the newspaper:

> Die Genossen, die sie dann ansprach, konnten nichts sagen oder gingen nicht auf sie ein. [. . .] (Sie erinnerte sich, wie erstaunt eine Kollegin gewesen war, daß sie Frank nicht seinlasse, obwohl sie da ein Risiko eingehe, daß sie nicht studieren könne. Eine andere hatte gemeint: die ist dickköpfig, die will unbedingt 'mit dem Kerl zusammenbleiben'.) (70)

In their cowardice they are little different from Karin's father (71), except that he does at least feel guilty for not sticking up for her (72). In their meanness and narrow-mindedness they are more reminiscent of Karin's mother (54). Karin appears not to be bothered by this.

The opposite of 'der gute Mensch' is 'der böse Mensch', both of
which Brecht suggests are fictions. In *Der gute Mensch von Sezuan*
evil is explained and excused by Shen Te on social grounds:

> Sie sind schlecht.
> Sie sind niemandes Freund.
> Sie gönnen keinem einen Topf Reis.
> Sie brauchen alles selber.
> Wer könnte sie schelten?[12]

In *Unvollendete Geschichte*, which seeks to portray a society in need
of structural adjustment, perhaps, but not, it seems, full-scale revolution, guilt is largely presented as personal. The unpleasant are
apparently so without reason and are duly 'gescholten', as it were,
either by the narrator in satirical tirades (the father's approach to
literature [49–50]), by individual characters ('du Kuh', the father
thinks of his wife [72]), or by the 'Arbeiterin' in Karin's dream.
For reasons not immediately apparent, the 'Arbeiterin', or Karin's
subconscious (after all, this is Karin's dream),[13] picks upon the
Kaderleiter as the individual most responsible for Karin's suffering:
'Da schlug ihm die Frau solange in die Fresse, bis er ächzend am
Boden lag' (75).[14] The justification for the attack would appear to
lie in the fact that, like many of the other characters in the text, the
Kaderleiter is an unthinking conformist. True, he is a *Funktionär*,
but not one with any great power. His failing, it seems, is a personal one: he grins 'arglos' (75) at Frank lying in a coma and, on
being seized by the 'Arbeiterin', cries out that 'er habe sich nichts
gedacht' (75), meaning, presumably, 'I did not mean any harm'.[15]
Karin's father, meanwhile, is allowed home untouched, as he
shows remorse; the Chefredakteur is let off by being condemned
(humorously) to reporting honestly about the assembly; and neither Karin's mother nor any of the individuals who might be
regarded as responsible for the underlying situation make an
appearance. The narrator's implicit condemnation of structures
which allow inequalities to develop is thus submerged in a brutal
attack upon one individual who, at both a personal and an official
level, is less responsible for the disaster which befalls Frank than
virtually all other characters portrayed. According to Ursula
Ragwitz, set upon the author by the Central Committee, Volker
Braun believed that this dream sequence 'sei ein Bild vom
Kommunismus, in dem alle gleich seien und die Gesellschaft mit

dem Fehlverhalten einzelner abrechnen werde'.[16] But 'das Fehlverhalten einzelner' is not what causes the problems illustrated in the
narrative. Indeed, few would perceive the division of Germany as
the result of anyone's personal failings, not even Adenauer's, or
Ulbricht's, least of all those of the *Kaderleiter*.

If social change is entrusted within this narrative to a limited
degree of individual 'Einsicht' and personal development, and if
blame for deep-seated structural problems is in the final analysis
being heaped upon individuals, the real issues, arguably, are not
being addressed. This makes it difficult for me, admittedly with
hindsight, to view this text as anything but un-hopeful for the
creation of a more democratic socialism in the GDR.

This emphasis on individual guilt does, however, prefigure the
desire, widespread in both East and West after the revolution, for
personal revenge. Although everyone knew that the Cold War
between former allies lay at the root of adversities in the GDR, it
was simpler, politically less unwise and emotionally perhaps more
satisfying to cast metaphorical stones at ex-General Secretaries,
party functionaries, members of the *Stasi*, whether official or not,
journalists, border guards, teachers and other bogey men than to
blame Soviet, American and British post-war policy.[17] The prophe-
tic nature of *Unvollendete Geschichte*, therefore, is truly profound:
the *Erzählung* predicts both the problems which led to the revolution and the division of protest into two strands, one basically
optimistic for a democratic socialism, the other decidedly hostile.
The narrative foretells not only which strand proved to be
stronger, it also indicates a fundamental illusion among some of
the revolutionaries (though not by then Volker Braun): the belief
that a change of face, more trustworthy politicians still working
within the old structures, or within any conceivable structures
based upon a socialist economy, could resolve the predicament
into which the end of the Cold War had plunged 'den real existierenden Sozialismus'.[18]

Even though *Unvollendete Geschichte* tells us little in the final
analysis about how the GDR was lost, we do learn much from it
about how GDR was not, nor could be, won for socialism.

Notes

[1] First published in *Sinn und Form*, 27 (1975) 5, 941–79. It first appeared in book form by Suhrkamp (Frankfurt/M) in 1977 and became an immediate bestseller. Publication as a book was delayed in the GDR until 1988 (Halle; Leipzig, Mitteldeutscher Verlag). All references in this essay are to the Manchester University Press edition (ed. Andy Hollis, 1988), with page numbers in brackets. For a list of the variations between the three versions of *Unvollendete Geschichte*, see the MUP edition, 91–2.

[2] Charlotte W. Koerner, 'Volker Brauns *Unvollendete Geschichte*: Erinnerung an Büchners *Lenz*', *Basis* 9 (1979), 150.

[3] See, for instance, his various reworkings of the 'Hinze und Kunze' theme, both as drama (*Hans Faust* [1967] and *Hinze und Kunze* [1973]) and as prose (*Die Bretter* [1968], *Die Bühne* [1979], *Geschichten von Hinze und Kunze* [1980] and *Hinze-Kunze-Roman* [1985]).

[4] Cf. talk by Volker Braun on *Unvollendete Geschichte* (Centre for Contemporary German Literature, University of Wales Swansea, 14.3.1994).

[5] Cf. 'Sie (die Bourgeosie) produziert vor allem ihre eigenen Totengräber.' (Karl Marx, Friedrich Engels, *Manifest der kommunistischen Partei*, in dies., *Werke* [Dietz, Berlin, 1959], IV, 474.)

[6] e.g. Florian Vaßen, 'Geschichte machen und Geschichten schreiben: Gedanken zu Volker Brauns *Unvollendete Geschichte*', *Monatshefte* 73 (1981) 2, 219; Leslie Bodi, 'The art of the paradox: Volker Braun's *Unvollendete Geschichte*', *Journal of the Australasian Universities Languages and Literature Association*, 48 (1977), 279–80; Koerner, op. cit., passim.

[7] For detailed comparisons with Büchner's text see Koerner, op. cit., the final chapter of Dennis Tate, *The East German Novel* (Bath, BUP, 1984), 177–226, and Dennis Tate, '"Ewige deutsche Misere?" – GDR authors and Büchner's *Lenz*', in G. Bartram and A. Waine (eds.), *Culture and Society in the GDR* (Dundee, 1984 [=GDR Monitor Special Series No. 2]), 85–9. See also the Introduction to the MUP edition of *Unvollendete Geschichte*, 23–8.

[8] This solution is suggested not only in Karin's dream (75), but also in the quote from Büchner's *Der Hessische Landbote*: 'Was ist denn nun das für ein gewaltiges Ding: der Staat?' (70). Büchner's answer to his rhetorical question: 'Der Staat [. . .] sind *alle*; die Ordner im Staate sind die Gesetze, durch welche das Wohl *aller* gesichert wird und die aus dem Wohl *aller* hervorgehen sollen' (*Werke und Briefe* [Frankfurt/M, Insel, 1967], 353).

[9] Bündnis 90, of which Neues Forum formed a part, received only 333,005 votes in the *Volkskammer* elections of 18 March 1990. This was 2.9% of the total vote. The PDS (successor party to the SED), which sought to retain the GDR within a neutral German confederation, achieved 16.33% of votes cast (*Der Fischer Welt Almanach: Sonderband DDR* [Frankfurt/M, Fischer, 1990], 259). Over 80% of votes cast went to parties and groupings seeking unification with the Federal Republic of Germany.

[10] Bertolt Brecht, *Der gute Mensch von Sezuan*, in *Stücke II, Werke in 5 Bänden*, ed. by Werner Mittenzwei (Berlin; Weimar, Aufbau, 1973), 228.

[11] The second sentence quoted above could be regarded as elliptical. I would suggest, however, that, despite the word order, it should be viewed as the second half of a subsidiary clause after 'daß'. Despite the significance which Braun himself attached to these words during his talk in Swansea, one is not surprised to discover that the paragraph from which the above section stems was absent from the original *Sinn und Form* version (see note 14).

[12] Brecht, op. cit., 120.

[13] At one point in the narrative Karin thinks: 'Wenn sie diese Geschichte ausdenken würde, sie würde nie auf so absurde Reaktionen kommen. Den dicken gemeinen Kaderleiter allein – könnte sie nicht erfinden' (63).

[14] For the Suhrkamp and subsequent editions Braun added the words: 'und sie innehielt, selbst erschrocken über ihre Handlung' (75).

[15] The words are in reply to the question 'was sie (father, *Bezirkssekretär* and *Kaderleiter*) sich bei der Sache gedacht hätten' (75).

[16] Quoted in Jörg Judersleben and Holger Jens Karlson, 'Eine nicht zu vollendete Geschichte: Amtliches zur *Unvollendeten Geschichte* von Volker Braun', *Sinn und Form*, 45 (1993) 6, 1004.

[17] The corollary of personalizing guilt for problems occurring within the GDR is the blaming of individuals for the eventual demise of the GDR. Stefan Heym's collection *Auf Sand gebaut* (München, Bertelsmann, 1990) contains a story, *Der Zauberlehrling* (49–57), which suggests that the alteration of the slogan 'Wir sind das Volk' to 'Wir sind *ein* Volk' was dreamt up by a New York advertising consultant. The implication is that this man single-handedly caused reunification.

[18] In the 22 November 1989 issue of *Neues Deutschland*, for instance, Helga Königsdorf explained her decision to remain in the SED in the following terms: 'Ich bleibe noch, weil es uns gelungen ist, einen Sonderparteitag zu erzwingen. Weil ich hoffe, daß einem neuen ZK und einem neuen Politbüro endlich Menschen angehören, die man sieht und anfassen kann. Menschen, die nicht moralisch verschlissen sind. Menschen, deren politisches Profil deutlich wird' (Helga Königsdorf, 'Der Partei eine Chance geben', reprinted in *Neue Deutsche Literatur*, 38 (1990) 3, 169).

8

The Disloyalty of a Loyal Comrade: Wilhelm Girnus's Conflict with the SED Leadership over *Unvollendete Geschichte*[1]

STEPHEN PARKER

With the publication in 1972 of Ulrich Plenzdorf's *Die neuen Leiden des jungen W.*, *Sinn und Form* signalled its intention to play a leading role in lending substance to the policy of no taboos for socialist artists announced by Erich Honecker shortly after he replaced Walter Ulbricht in 1971. *Die neuen Leiden* was arguably Wilhelm Girnus's greatest coup as the journal's editor-in-chief. The story sparked off a lively debate conducted in the pages of *Sinn und Form*, with views ranging from enthusiastic support to vehement opposition. The story and debate were hailed in the West as evidence of a fresh departure in GDR literature. The mood of change was fuelled by the fact that Ulbricht's old guard in literary affairs, ageing dogmatists such as Alexander Abusch, Otto Gotsche and Alfred Kurella, had lost their influential positions to a younger generation concerned less with dogmatic than tactical considerations. Although Girnus (1906–85), too, was of that older generation, he vigorously embraced the new policy. Late in his career, it represented a final opportunity to make his mark on the international stage.

Yet the new policy stalled, when in 1975, after earlier setbacks, Volker Braun's *Unvollendete Geschichte* appeared in the journal. In marked contrast to *Die neuen Leiden*, no public discussion of Braun's story was permitted. It is a measure of the suspicion with which *Unvollendete Geschichte* was viewed that it was published in book form in the GDR only in 1988. Before 1989 critical discussion took place exclusively in the West. That discussion was hampered by a lack of information, even though Braun himself helped critics with such details as were available to him. A consequence of this state of affairs was that critics came to focus principally on matters relating to the author himself.[2] There was in comparison only very

limited treatment of the journal's role in the affair. Such comments
as were made were generally based on the assumption that with
the publication the journal was continuing to fulfil its clearly
defined role within the cultural politics of the totalitarian state.
This assumption was informed by the knowledge of Girnus's im-
peccable credentials within the SED hierarchy. His record as a
dogmatist in the fifties indicated that he was prepared to go to
any lengths in order to do the party's bidding in dealing with
troublesome artists and intellectuals. Girnus was thus cast as the
villain in a piece which was apparently a 'sehr genau kalkuliertes
kulturpolitisches Experiment'.[3] In the view of another commenta-
tor: 'By 1975 *Sinn und Form* gave some indication of how far the
party was prepared to allow its writers to go by publishing
Braun's short story *Unvollendete Geschichte*.'[4] Girnus's decision to
publish must, according to this interpretation of events, have followed careful preparation of the ground through consultation
within the hierarchy. Braun's own account of the sequence of
events leading to publication could be construed as corroborative
evidence. When he first submitted the story it was not accepted
for publication. Some months later he happened to meet Girnus
and responded to the latter's invitation to submit new work by
sending in *Unvollendete Geschichte* again, whereupon it was
accepted and, following agreement upon certain changes,
appeared in the September/October number.[5]

The ready access to archive material in East Berlin since 1989,
however, permits a revision of received assumptions. Documents
in the archives of the Academy of Arts, *Sinn und Form*'s parent
institution, and in the former SED Central Archive[6] demonstrate
that, far from being the outcome of careful deliberation, the publication took place on Girnus's own initiative, as he exercised the
editorial independence which he enjoyed as editor-in-chief.
Beyond the editorial staff, only Franz Fühmann, a member of the
advisory board, had knowledge of the manuscript. Fühmann had
acted as the intermediary between author and journal, when the
manuscript was originally submitted on 28 November 1974.[7] In the
controversy that followed publication, which threatened to engulf
not only Braun but also Girnus and his staff, it was precisely
Girnus's failure to consult that was held against him. *Die neuen
Leiden* could be accommodated as a text that brought systemic
contradictions out into the open. *Unvollendete Geschichte*, however,
had broken taboos relating to the party, the *Stasi* and to such a

controversial issue as 'Republikflucht'. It was construed by the SED Central Committee as an attack on the basic values of the GDR and therefore as an abuse of the greater freedom of expression permitted since 1971. It is a measure of how far Girnus was by now out of touch with his peers in the hierarchy that he had failed to anticipate this response. In the hierarchy's view, Girnus had shown himself incapable of exercising the judgement that his sensitive post required at a time when earlier dogmatic certainties no longer provided clear guidelines. The measures taken against Girnus and *Sinn und Form*, as well as against Braun himself, bear witness to the defensiveness characteristic of the SED hierarchy, which, for all the changes of the early seventies, lacked the courage and conviction wholeheartedly to commit itself to openness. Indeed, the affair offered encouragement to those seeking retrenchment in SED cultural policy, the defining moment in which came with the expatriation of Wolf Biermann in November 1976.

Following the Huchel affair and in the light of the perceived inadequacies of his replacement, Bodo Uhse,[8] Girnus had seemed a safe bet when in 1963 the SED's Ideological Commission imposed him on an outraged Academy membership. The Academy President, Willi Bredel, announced Girnus's appointment at a Plenary Session on 6 November 1963.[9] Fritz Cremer protested. Herbert Ihering and Paul Dessau, both members of the journal's advisory board, were opposed. Helene Weigel enquired whether Girnus was eligible for the post, since he was not an Academy member. Bredel responded that Girnus might be elected to the Academy. Wieland Herzfelde doubted whether Girnus was worthy of such an honour. Bredel's predecessor, Otto Nagel, exclaimed, 'Wir sind doch keine dummen Jungs, wozu kommen wir überhaupt hierher, wo ganz einfach bestimmt wird, wer Akademiemitglied wird?' At the meeting of the Präsidium on the same day Alfred Kurella described Girnus as a man 'mit großen Kunstkenntnissen und Liebe für die Kunst'.[10] Nagel, who at this stage was apparently prepared to go along with the appointment, none the less reminded the meeting of the 1951 Barlach exhibition: 'Da zeigte sich, daß Girnus von Kunst nichts versteht.' This was actually untrue. Girnus had studied art history at Breslau University and at the Sorbonne. In the early 1950s he was awarded a doctorate by the University of Leipzig for a thesis on Goethe's aesthetics. His supervisor was Hans Mayer.[11] An offensive propagandist who craved the limelight, in the early fifties Girnus was a

notorious member of the *Staatliche Kunstkommission* and held key
positions with the *Berliner Rundfunk* and with *Neues Deutschland*.
At this time he publicly castigated not only Barlach but also
Hanns Eisler and, especially, Ernst Fischer in the *Faustus* debate.
In the interests of party discipline and of his career advancement
Girnus was prepared to adopt the most severely dogmatic stance.
He was recognized as an intelligent and utterly loyal party member and had expectations of advancement to the highest echelons
in the state. In the mid-fifties he headed the GDR's Unity Committee and acted as Otto John's 'minder' at John's press conferences
in East Berlin. In 1955 he represented the GDR at the four-power
conference in Geneva, called to discuss reunification, European
security, disarmament and détente. He rose to become Secretary of
State for Higher Education. Yet Girnus's ministerial career stalled.
His fierce loyalty was matched by a self-opinionated obstinacy,
which made him a difficult partner in the delicate business of
high-level politics. Nor can he have been helped by a highly iras-
cible manner deployed against those whom he took to be his sub-
ordinates, the legacy of a decade's incarceration and punishment
by the Nazis and of his party's grave mistrust of GDR citizens.
When he was offered the editorship of *Sinn und Form*, he held a
Chair in literary theory and general literary studies at the Humboldt University, which was little more than a consolation prize.
He declined to take the editorship as a full-time post in the Academy. He secured an agreement whereby he was paid a fee for
each issue and worked two and a half days per week for *Sinn und
Form*. None the less, membership of the Academy presently
followed.

Sinn und Form was a novel challenge for Girnus. In the Academy, the notorious dogmatist found himself in the company of the
GDR's artistic élite, who enjoyed a degree of freedom unheard of
elsewhere in the state despite Abusch's efforts to curtail it. In the
fifties Peter Huchel had exploited this situation to lend the journal
its distinctive character and international reputation, which for the
SED was a source of pride, yet increasingly also a source of frus-
tration and anger as Huchel followed his own agenda at variance
with official policy. For Girnus, the journal was an unexpectedly
attractive vehicle to promote himself at this late stage in his career.
To make a success of the post, however, required him to live up
to the journal's established high literary standards. Girnus found
this challenge irresistible as he sought to establish his credentials

with his new peers in the Academy. As events rapidly demonstrated, such aspirations could only be realized at the price of conflict with the party's restrictive cultural policies. The very situation Girnus found himself in made a potential heretic out of the party ultra.

In his early years with *Sinn und Form* he demonstrated that he was an effective manager, positioning the journal unmistakably within the framework of the SED's cultural policy. Yet the ambitions that *Sinn und Form* fired in Girnus released a boldness and restless energy previously constrained by ministerial ambition. Early evidence of a questioning of the party's cultural policies is the letter which he and his deputy, Armin Zeißler (the latter quite improbably), sent to Kurt Hager, the politburo member responsible for culture, on 3 March 1966. Girnus and Zeißler reported on a visit to Moscow and on the incomprehension of colleagues there at the events of the 11th Plenum of the SED's Central Committee held in late 1965. Girnus and Zeißler wrote:

> Im Institut für Weltliteratur, so erklärte uns Genosse Jegorow, sei man allgemein der Meinung, daß 'in der DDR gegenwärtig in kulturpolitischen Fragen überspitzt werde'. Bestätigt wurde diese Mitteilung durch gelegentliche Äußerungen anderer Mitarbeiter dieses Instituts, die sich speziell gegen die Ausführungen des Genossen Alfred Kurella auf dem 11. Plenum richteten. Sie trugen lediglich allgemeinen Charakter. Man verstünde nicht die Aufregung, es sein ein so nervöser Ton in der DDR, sei die Lage wirklich so gefährlich geworden?[12]

Shortly beforehand, in a discussion with the Academy's Präsidium on 29 October 1965 about plans for a new phase in the journal's development, Girnus commented, 'Meines Erachtens müßte die Zeitschrift früher oder später einer Erstarrung verfallen, wenn nicht die Möglichkeit bestünde, das, was heute noch problematisch ist, zur Diskussion zu stellen'.[13] Girnus, it must be said, was motivated as much by the desire to create an impact as by ideological convictions. He tended to view the maintenance of the journal's vitality as an end in itself, not necessarily as an element in a clearly conceived strategy to promote socialist progress in the arts. He might on occasion invoke such terms to justify his promotion of debate and controversy. Yet he was keen to adopt a very conspicuous role, rather like a ringmaster controlling events, gleefully pitting antagonists against one other and taking delight in being seen to be acting as the final arbiter.

Typically and in marked contrast to Huchel, Girnus ensured that the arena for potential conflict between the journal and the party was defined within the institutional context. His plea for vitality related to point 1.4 in the 'Aufgaben' for the journal set out in the document 'Probleme von *Sinn und Form*', which formed the basis for discussion at the Präsidium. This point referred to the aim 'Problematische, aber von Talent und sozialistischem Streben zeugende Leistungen zur Diskussion zu stellen'. Point 1.3 referred to the importance of fostering young GDR writers. The Präsidium under Konrad Wolf's chairmanship endorsed the editor's policy. Yet, only months later, after the publication of Heiner Müller's *Der Bau* and *Philoktet*, as well as other 'problematic' work, the following qualification of 1.4 was approved in discussion with the Präsidium: 'Abzulehnen ist in jedem Fall die Veröffentlichung von Beiträgen, die sich gegen unsere gesellschaftliche und staatliche Ordnung richten oder geeignet sind, die sozialistische Moral der Gesellschaft zu untergraben'.[14] In this way, the parameters established for the journal's activity to some extent anticipated those proclaimed by Honecker in 1971.

Müller recalls of his dealings with Girnus, 'Bei *Sinn und Form* mußte er sich nun gegen seinen Vorgänger Peter Huchel profilieren. Er wollte kühn sein. Er hat *Philoktet* abgedruckt, ein Stück, das nicht gespielt werden durfte. Bei dem Gespräch über *Bau* und *Philoktet* in Heft 1/66 der Zeitschrift ging es bereits um seinen Stuhl'.[15] The fact that the editorial staff had not criticized Müller's work was viewed as a 'Versäumnis der Redaktion'.[16] Yet, at this stage Girnus, the choice of the Ideological Commission, was given the benefit of the doubt.

Despite the crackdown that followed the Prague Spring, the late sixties and early seventies saw a climate more favourable for the development of a journal with *Sinn und Form*'s international orientation and reputation for quality. Girnus's background meant that he was well equipped to take advantage of a climate in which, at last, the GDR was having some success in gaining official international recognition, a process which culminated in the mutual recognition of the two German states in 1972. *Sinn und Form* was one of the GDR's few established success stories in cultural diplomacy. As Girnus's correspondence with Otto Winzer, the GDR's Foreign Minister, shows, he eagerly grasped the opportunity to contribute to raising the GDR's international profile in those years. On 6 June 1969 he wrote to Winzer, 'Herzliche Glückwünsche für die großartigen Erfolge der letzten Wochen (Kambodscha, Irak, Sudan, Syrien). Alles Gute für die weitere Arbeit. Bereiten arabisches Sonderheft vor'.[17]

Girnus's correspondence with Zeißler and Hager sheds light on his publishing policy in the early seventies. Faced with opposition in the hierarchy, he sought to implement the new policy, which was reiterated by Hager in a number of speeches. On 28 June 1972 he wrote to Hager, 'Der Konservatismus derer, die kein Risiko eingehen wollen, ist doch sehr drückend manchmal'.[18] On 10 August 1972 he wrote to Zeißler,

> Was sagst Du zur Rede von Kurt Hager? 100% eine Bestätigung unseres Kurses. Besonders von 1972/2! Er benutzt sogar unser Lenin-Zitat über das Talent! Außerdem steht zum ersten Mal in einem parteioffiziellen Dokument zu lesen, daß die Kunst das *Mögliche* in der Wirklichkeit aufzudecken hat, die *Möglichkeiten* im Wirklichen *durchzuspielen* hat. Dazu – breite öffentliche Aussprache!![19]

In March 1973 Girnus presented to the Präsidium a document outlining the long-term development of the journal. The arena for potential conflict was defined as before, which itself was an acknowledgement of the limits of the new openness. As ever, the journal and the Academy leadership both sought to safeguard their respective positions.[20] The Präsidium approved the document but recorded its recommendation to the journal, 'in den Veröffentlichungen der Zeitschrift tendenziell-subjektivistische Haltungen einzelner Autoren zu vermeiden'. It was incumbent on the editorial staff, 'bei problematischen und schwierigen Auseinandersetzungen den Standpunkt der Redaktion, ohne die Rolle eines Zensors zu übernehmen, deutlich zu machen'. The tone had been moderated yet the Präsidium offered a reminder that limits remained, which the journal should observe.

Indeed, dogmatists remained a significant presence in the hierarchy even if their influence had waned, and they were seeking ways to reassert their position. One such figure was Gotsche, who had been Secretary of the *Staatsrat* under Ulbricht. Following the publication of Christa Wolf's 'Selbstversuch' in the second issue of *Sinn und Form* in 1973, Girnus rejected Gotsche's 'Anti-Selbstversuch'. He informed Gotsche on 28 November 1973 that the editorial staff and the advisory board were in agreement. He wrote: 'Es wurde übereinstimmend die Meinung vertreten, daß

Dein Beitrag in dieser Form wenig geeignet sei, unserer Literatur
im gegebenen Zeitpunkt fruchtbare Impulse für ihre weitere Entwicklung im Sinne der Beschlüsse des VIII. Parteitages zu vermit-
teln'.[21] This snub, which would not be forgotten, reveals Girnus's
propensity to overplay his hand in driving home an advantage
against an opponent who was in fact already beaten. Indeed,
many of his victims remember his overbearing manner towards
them.[22]

It was against the background of unresolved tensions within the
hierarchy that Girnus first rejected, then accepted Braun's
Unvollendete Geschichte after changes had been agreed.[23] Girnus
apparently believed that the story would be acceptable if Karin's
father, a party official, were made a state official. This change was
made yet counted for nothing in the outraged response of the
party, which demanded a full discussion of the grave trans-
gression within the Academy's various committees. The first discussion was held in the Literature Section on 4 November 1975 in
a session chaired by the Section's Secretary, Günther Rücker.[24]
Here Girnus was on home territory and generally among friends,
although there were differences with certain members who felt
harshly treated by the journal. Peter Hacks, whose *Numa* and *Das
Jahrmarktsfest zu Plundersweilern* had recently been rejected, allegedly on the advice of the advisory board, remarked, 'Um meine
ganz entschiedene Meinung zu sagen, es müßte endlich eine zweite Literaturzeitschrift her. Man kann den totalen Subjektivismus
von Girnus nur aushalten, wenn er eine Konkurrenz hat.' It
appears that in Hacks's view *Neue Deutsche Literatur* did not constitute such competition. As a member of the advisory board
Rücker was in a position to add, 'Der Beirat ist nicht gefragt worden'. He reported that Girnus had told him that the editorial staff
had been in agreement over the publication. Hacks retorted that in
Girnus's place he would not have published *Unvollendete
Geschichte* 'wenn er Chefredaktreur von *Sinn und Form* wäre, und
er hätte gern noch eine Literaturzeitung', a remark with which
Helmut Baierl agreed. Stephan Hermlin pointed out that in recent
years a new climate had been created, in which criticism was sure-
ly possible without recrimination and intrigue. While there was
much sympathy for Girnus's position and certainly no attack on
Braun's text, the view of the meeting was, none the less, that
Girnus had indeed gone too far, that he had lost a sense of pro-
portion. The responses of a number of members demonstrate not

least their awareness of how limited the scope remained for genuinely critical literature. It was agreed that Braun and Girnus
should participate in an internal discussion of the text.

The following week, on 11 November 1975, the Präsidium discussed the matter.[25] It was agreed that Rücker should talk with
Girnus:

> Dabei sollte die sofortige Einberufung des Redaktionsbeirates festge-
> legt werden mit dem Ziel, über die Tätigkeit des Redaktionsbeirates
> eine grundsätzliche Aussprache zu führen und des weiteren ein Ge-
> spräch mit Volker Braun im Redaktionsbeirat vorzusehen.

As so often in the journal's history, the advisory board had been
virtually dormant for some time. It was for the editor to convene
the board as required. Yet he, of course, was reluctant to subject
the journal to an additional tier of control, while most members of
the board shied away from the responsibility. Fühmann was a
notable exception. The outcome of Rücker's deliberations with
Girnus was that the latter wrote to Braun on 24 November 1975,
inviting him to attend the next meeting of the advisory board
scheduled for 1 December 1975.[26] Also on 24 November 1975 Girnus wrote to Hager: 'Ich hätte Dich sehr gern einmal gesprochen,
besonders über das Problem Volker Braun. Ich stünde Dir ab 2.12.
täglich zur Verfügung'.[27] On 5 December 1975 Girnus wrote to
Marquandt of Reclam in Leipzig, denying rumours that he was
intending to attack *Unvollendete Geschichte* in the *Kulturbund*'s
paper *Sonntag* and that Hermlin and Anna Seghers were unhappy
with the publication of the story.[28] Girnus referred to the meeting
of the advisory board held with Braun in attendance on 1 December. The board 'sprach sich einstimmig für die Veröffentlichung
aus, gleichzeitig wurde an bestimmten Aspekten der Erzählung
Kritik geübt'. In this way, Girnus ensured that, at least
retrospectively, the advisory board had sanctioned the publication.
Once again, Academy members were supportive of the text and
the journal.

Discussion within the Academy continued at a Plenary Session
on 10 December 1975, which was addressed by Hans Joachim
Hoffmann, the Minister of Culture.[29] The Academy President Konrad Wolf began by acknowledging recent criticism, to which the
Literature Section had been invited to respond. He reported that it
had conducted a series of internal discussions. Hoffmann's speech

was devoted to the difficult domestic and international context
within which the GDR's cultural policy for the coming years
would be framed. He departed from his set text to offer, quite
guardedly, his views on *Unvollendete Geschichte*. He began with a
comment that revealed the GDR's familiar defensiveness towards
Western media treatment of developments in GDR literature:

> Wo hört die kritische Analyse auf und wo beginnt die Möglichkeit,
> daß der Feind unsere eigene kritische Analyse als Munition für uns
> nimmt? Das ist ein verdammt schmaler Pfad.

Conceding that he had not actually finished reading the story, he
none the less went on to criticize the negativity in Braun's character depiction, asking,

> Gibt es nicht einen einzigen, der wert wäre, sympathisch dargestellt zu
> werden, der die Interessen dieser Gesellschaft unmittelbar als sein
> persönlich erklärtes Ziel hinstellt, der darum kämpft, der Parteifunktio-
> när ist oder Staatsfunktionär? Sind das alles nur sehr lose (sic) Büro-
> kraten und Leute? Ist das so im Leben?

Arguing that 'wir dem Feind so wenig wie möglich Munition
liefern dürfen', he advised:

> Bei solchen Geschichten wäre es vielleicht besser in Zukunft, daß man
> sich vorher darüber unterhält, ehe es gedruckt wird, als hinterher.
> Wenn man eine solche Geschichte veröffentlicht, das ist ein Politikum,
> ob man will oder nicht, dann muß man vorher gründlicher die Konse-
> quenzen analysieren, sonst ist man nämlich der Gefangene der Bestre-
> bungen anderer Leute.

Girnus did not speak in the ensuing discussion. Franz Fühmann
defended the publication: 'Ich kann da nur summarisch sagen, daß
ich also voll und ganz zu ihr stehe. Ich war der Briefträger von
Volker Braun zu *Sinn und Form* und bin ein bißchen stolz, daß ich
das also vermittelt habe'. He took issue with Hoffmann's view
that publication of such work was playing into the hands of the
class enemy, citing the example of his story 'Drei nackte Männer',
which had appeared the previous year in *Sinn und Form*. With the
exception of one open discussion that took place in Potsdam, the
story was followed by total silence, and as a result someone came
up to him and said: 'Wir können doch nicht darüber sprechen.' It

was precisely the lack of openness that provided the Western media with its 'Munition'. It was, one might add, against such a background that *Unvollendete Geschichte* became such a sensation.

Support for Fühmann's position came from Fritz Cremer, who, none the less, reported on his son's reading of the text and added, 'Ich wundere mich, daß das bei uns gedruckt wird'. More substantial support came from Konrad Wolf, for whom Fühmann's statement was at the core of the question of socialist progress in the arts:

> Es geht jetzt auch gar nicht so um Volker Braun und um diese Erzählung allein bzw. wir wären viel weiter, wenn sich diese Erzählung von Volker Braun einreihen würde in eine Vielzahl von verschiedenen Äußerungen.

Hoffmann remained circumspect, replying to Fühmann: 'Von mir aus, Herr Fühmann, verwenden Sie davon, was Sie wollen.' He later returned to the story, explaining, 'Ich wollte in meinem Referat auch nichts Direktes, Unmittelbares über dieses Werk gesagt haben. Das überlasse ich der Literaturdiskussion, die (sic) Literaturkritik.' Yet, of course, no such discussion ever took place. Finally, he affirmed the importance of *Sinn und Form* for the cultural diplomacy pursued by the party hierarchy and the government – and pointed to the responsibility vested in the editor:

> Ich rechne zum Beispiel die Zeitschrift *Sinn und Form* zu den strategischen Organen, die wir auf dem kulturpolitischen Gebiet besitzen. Und mit strategischen Waffen geht man bekanntlich sehr sorgsam um. Ich sage nicht, Wilhelm, daß das nicht geschieht, du verstehst schon. Aber wenn das so ist, dann würde ich doch plädieren dafür, daß ab und zu auch darüber mal geredet wird. Denn so präsentieren wir uns [. . .] auch in der Öffentlichkeit.

There was a more searching examination of Girnus's position at a meeting of the Academy's Literature Section on 7 January 1976.[30] It was the occasion of Girnus's annual report to the Section, which he delivered in a routine manner, passing over in silence the publication of *Unvollendete Geschichte*. Girnus was tackled by Michael Tschesno-Hell, who following Alfred Kurella's recent death had seemingly been cast in the role of Grand Inquisitor but who, nevertheless, proceeded with a degree of caution in keeping with the atmosphere established for the discussion of the story in the

Academy. His questions began with the advisory board's involvement:

> *Tschesno-Hell*: Ich stelle diese Frage sehr konkret. Es erschien in der letzten Nummer eine Sache von Volker Braun [. . .] Wer von dem Beirat hat das gelesen und gutgeheißen?
> *Fühmann*: Ich!
> *Tschesno-Hell*: Nun, das wundert mich in mancher Beziehung nicht. Wer hat es noch gelesen?
> *Girnus*: Vorher oder nachher?
> (Durcheinandersprechen)
>   Der Beirat hat sich damit befaßt.
> (Durcheinandersprechen)
> *Tschesno-Hell*: Sprechen wir doch als Kameraden, wir kennen uns am längsten. Volker Braun ist nicht irgend jemand. Die Zeitschrift geht ins Ausland. Du hast die Zahlen genannt. Du bekommst ein Manuskript, das zumindest überlegenswert ist, in dieser Form gebracht zu werden, ja, das kann keiner leugnen. Der Beirat wird nicht gefragt aus Gründen, die mir nicht bekannt sind. Daraufhin habe ich mir erlaubt, nachdem ich es später gelesen habe und erfuhr, daß die Mitglieder des Beirates es nicht gelesen haben bis auf Franz, habe ich vorgeschlagen, und das wäre vielleicht in jeder Beziehung von Vorteil, ein Gespräch mit Volker Braun hier zu führen – nicht: wir sind Richter, er Angeklagter –, mein Gott noch mal, soviel Taktgefühl besitzt jeder hier. Damit Volker Braun das Gefühl bekommt, daß man traurig ist, daß er dieser Meinung ist. Ich habe vorgeschlagen, es wäre gut, wenn Anna eingeladen werden würde, weil Anna eben die Art hat, das ist eben Anna. Nicht nur, daß sie sehr gut schreibt. Sie kann auch eine Sache anpakken, um den Blick zu schärfen.

Girnus engaged in a general defence of the journal, referring in routine fashion to links with the USSR and with specialists in various fields, before addressing the specific matter at issue. He commented:

> Was Volker Braun betrifft, so hatten wir schriftlich den Mitgliedern des Beirats das ganze Programm der zwei Nummern mitgeteilt, auch Volker Braun. Möglicherweise hätten wir sie besonders auf diese Erzählung aufmerksam machen sollen. Es ist keineswegs so, wie es scheint, daß wir überhaupt nicht mit ihm gesprochen haben, mit Volker Braun. Ich habe insgesamt acht Stunden mit ihm verhandelt. Die erste Fassung haben wir abgelehnt. Wir haben mit ihm darüber gesprochen. Er hat manches geändert. Rein in bezug auf die Entwicklung des Konflikts habe ich zum Beispiel auch Kritik daran zu üben. Aber

der Gegenstand und der Stoff, zu dem, den er gebracht hat, und die Problematik, zu der stehe ich hundertprozentig. Es ist ein sehr ernstes Problem, daß Menschen der gleichen Familie, der gleichen Partei, die in höheren Funktionen stehen, plötzlich vor einer Situation stehen, die nicht in ihrem Programm gestanden hat, mit der sie nicht fertig werden. Das ist ein sehr ernstes Problem. Das ist nicht ein Einzelfall. Das trifft vielfach zu. Ich kenne Fälle, die viel schlimmer ausgelaufen sind in der Realität. Und ich meine, wir sollten Volker Braun dankbar sein, daß er so ein heißes Eisen anfaßt. Eine andere Frage ist die: Existiert bei uns eine Literaturkritik in der DDR? Bestünde eine echte Literaturkritik, müßte sie sich in sachlicher Weise mit so einer Sache auseinandersetzen. Daß man sich nicht auseinandersetzen will, ist auch schon ein Zeichen einer anormalen Situation. Im übrigen haben wir das getan, was du gesagt hast. Wir haben Volker Braun zu einer Beiratssitzung gebeten, und es ist mit ihm ausführlich darüber diskutiert worden.

Girnus informed Tschesno-Hell that the publication had been discussed with Soviet friends from the journals *Voprossy Literatury* and *Inustrannaya Literatura*. He asserted that what might be a gamble in the GDR was quite normal in the Soviet Union and added that he had been personally congratulated for the publication by Soviet friends. Tschesno-Hell, one of the few figures who could tackle Girnus, refused to let the matter rest and tried to pick holes in Girnus's unusually vulnerable arguments. Yet, for all Tschesno-Hell's efforts, there was no desire on the part of other members to subject Girnus to further interrogation. The meeting came to an end without any firm conclusions.

That same day, 7 January 1976, *Unvollendete Geschichte* was on the agenda at a meeting in the Central Committee attended by, among others, Hoffmann, his deputy Klaus Höpcke, Ursula Ragwitz, Head of the Central Committee's Department of Culture, and Gerhard Henninger, Secretary of the Writers' Union.[31] The enthusiastic reception of the story by Braun's fellow writers was acknowledged. Yet the meeting condemned *Unvollendete Geschichte* since it had damaged the party and GDR society. A strategy of damage limitation was agreed upon:

Jetzt muß die Auseinandersetzung mit Volker Braun weitergeführt werden, ohne daß vor dem IX. Parteitag ein großer Wirbel entsteht. Insofern würden Veröffentlichungen zu Volker Brauns Erzählung in den nächsten Ausgaben von *Sinn und Form* nichts bessern. Es sollte keine Diskussion über Braun in der Presse geben.[32]

In her report of a conversation with Braun two days later Ragwitz drew attention to the fact that Braun continued to defend his story, citing approving comments on it by Christa Wolf, Fühmann, Leipzig academics, publishers from Halle and the advisory board of *Sinn und Form*. Ragwitz noted that Girnus had replied no, when asked if *Sinn und Form* would be publishing a self-critical piece on the story in its next number. She criticized Braun for his choice of advisers and appended the following to her report:

> Aufschlußreich sind seine Auskünfte über den Beirat von *Sinn und Form*, über das Verhalten von Genossen Girnus und einiger Verleger sowie über die 'wertfreie' Mitteilsamkeit von Genossen Konrad Wolf.[33]

As we have seen, in discussions within the Academy both Girnus and Konrad Wolf had made no secret of their support for the publication of Braun's text. Both were now subject to pressure from the hierarchy. The next round of discussion took place on 2 March 1976 at the Präsidium, which was chaired by Wolf and which Girnus and Zeißler as well as members of the advisory board were invited to attend.[34] Girnus's report was noted rather than approved. In addition,

> Das Präsidium unterstreicht nochmals seine Forderung, die Arbeit mit dem Beirat kontinuierlich zu gestalten, und ihn für alle komplizierten Entscheidungen, was den Gesamtinhalt bzw. einzelne Veröffentlichungen betrifft, anzurufen.

In this way, closer control might be exercised over a journal whose leadership was now the subject of deep suspicion. For all his background in the hierarchy, in the eyes of figures such as Ragwitz the septuagenarian Girnus had lost for good the credibility and authority he had once enjoyed. From now on, he was viewed in that quarter as at best accident-prone, at worst dangerously negligent of his responsibilities. Not long afterwards, in a row immediately after Biermann's expatriation, *Unvollendete Geschichte* was held up as proof of his negligence; in a letter to Honecker Ragwitz called for Girnus's replacement.[35] For his part, Girnus continued to represent the view that the vitality of the journal would be stifled by the closer control proposed. In a letter to Zeißler, undated but among their correspondence from 1976, Girnus wrote:

Wir müssen uns in dem Programm unbedingt die Hände freihalten für die Führung von Diskussionen um die Veröffentlichung von *problematischen* Beiträgen (z.B. wie Volker Braun)! Dann Gewicht auf künstl. Qualität!³⁶

The tensions between the journal and the party hierarchy remained unresolved, a state of affairs which continued until 1989. Despite his attempts to position *Sinn und Form* squarely within SED cultural policy, Girnus, that most loyal party member, failed to reconcile the requirements of policy and his own ambitions for the journal. The story of his conflict with the party hierarchy over *Unvollendete Geschichte* reveals the contradictory forces that had come to inform East Berlin literary life by the mid-seventies. The initial, internal reception of the story within the Academy shows that there was no way back to the dogmatism of earlier decades. Yet most writers remained constrained by the perceived need to play a tactical game – and by residual fears of what a backlash might bring. Finally, the party leadership's defensiveness and insecurity, coupled with ingrained habits of exercising control, militated decisively against the creation of a fresh vision of socialism, which the proclamations of the early seventies had for many seemed to herald.

Notes

¹ Research for the present paper was undertaken in Berlin archives in 1993–4 during the tenure of a Research Fellowship awarded by the Alexander von Humboldt Foundation and held at the Free University, Berlin. I should like to thank Heide Lipecky and my colleagues Judith Purver and Elizabeth Boa for their helpful comments on a draft.
² See, for example, pp. 1–2 of Andy Hollis's introduction in his edition of Braun's *Unvollendete Geschichte* (Manchester, MUP, 1988). See, too, now Jörg Judersleben and Holger Jens Karlson, 'Eine nicht zu vollendende Geschichte', *Sinn und Form*, 45 (1993) 6, 998–1007.
³ Karl Corino, 'Beschreibung einer Entfremdung', *Deutsche Zeitung*, 11 November 1977, 12.
⁴ David Childs, *The GDR: Moscow's German Ally* (London, Allen & Unwin, 1983, 220.
⁵ Hollis, op. cit., 1–2.
⁶ In footnotes below the Stiftung Archiv der Akademie der Künste Berlin-Brandenburg will be referred to as SAdA and the Stiftung Archiv der Parteien und Massenorganisationen der DDR im Bundesarchiv as SAdP. The Central Academy Archive will be abbreviated as CAA, and

Sinn und Form's correspondence with authors (Schriftwechsel mit Autoren) as SmA.

[7] Fühmann acknowledged his role at a Plenary Session of the Academy on 10 December 1975. SAdA, CAA, ref. no. 807/1.

[8] SAdA, Willi Bredel-Archiv, 'Aktenvermerk über eine Besprechung beim Genossen Abusch', written by Academy Director Hossinger and dated 4 April 1963, ref. no. 1161. Uhse was the choice of the Academy President Bredel.

[9] SAdA, CAA, ref. no. 121.

[10] SAdA, CAA, ref. no. 17/4.

[11] See Hans Mayer's brief portrait of Girnus in *Der Turm von Babel* (Frankfurt/M, Suhrkamp, 1991), 58 ff.

[12] SAdP, ref. no. IV A2/2.024/29.

[13] SAdA, CAA, ref. no. 414.

[14] SAdA, CAA, ref. no. 415. 'Problematic' works identified in addition to Müller's were Klemm's essay on Schönberg and Eisler's twelve-tone music, the extract from Max Frisch's *Mein Name sei Gantenbein*, Hacks's *Moritz Tassow*, Hermlin's *Kaßberg*, and Karl Löwith's 'Hegel und die Sprache'.

[15] Heiner Müller, *Krieg ohne Schlacht. Leben in zwei Diktaturen* (Köln, Kiepenheuer & Witsch, 1992), 197.

[16] SAdA, CAA, ref. no. 415. Girnus acknowledged that Hermlin's *Kaßberg* should also have been criticized by the editorial staff.

[17] SAdA, CAA, SmA, 1969, ref. no. 732.

[18] SAdA, CAA, SmA, 1972, ref. no. 729/1.

[19] SAdA, CAA, SmA, 1972, ref. no. 729. The Lenin quotation was used by Girnus in *Sinn und Form*, 24 (1972) 2, 443. The same issue contained Plenzdorf's text.

[20] SAdA, CAA, ref. no. 635.

[21] SAdA, CAA, SmA, 1973, 754. It was at the 8th Party Conference that Honecker proclaimed the 'no taboos' policy. Following Wolf Biermann's expatriation, Gotsche attacked *Sinn und Form*'s publishing policy at a meeting of the Literature Section on 14 April 1977. He was rebuffed by Hermann Kant. SAdA, CAA, ref. no. 893.

[22] Nor was it unknown for Girnus to resort to denunciation. On 21 March 1972 he reported to Hager: 'Auf der letzten Beiratssitzung von *Sinn und Form* wurden gewisse Tendenzen sichtbar, die gegenwärtige Situation dazu zu nutzen, um einen Vorstoß in Richtung Kunst-Autonomie zu starten. Franz Fühmann z. B. sagte mir "ich bin gegen jede Einmischung von Staat und Partei in Fragen der Kunst. Die Chefredaktion hat sich darauf zu beschränken, strafrechtliche Tatbestände in der Literatur zu eliminieren". Solltest Du noch Wünsche haben, stehe ich zu Deiner Verfügung'. SAdA, CAA, SmA, 1972, ref. no. 729/1.

[23] It is consistent with available information that there was no mention of the story in the journal's plan for 1975, which was approved by the Präsidium on 17 December 1974. SAdA, CAA, ref. no. 638. Nor was there any mention in Girnus's routine correspondence with Zeißler.

[24] SAdA, CAA, ref. no. 898.

[25] SAdA, CAA, ref. no. 818.

[26] SAdA, CAA, SmA, 1975, ref. no. 755. No record of the meeting of the advisory board has survived. Membership was Baierl, Eduard Claudius, Fühmann, Wolfgang Kohlhaase, Rücker, Helmut Sakowski, Erwin Strittmatter, Robert Weimann, Peter H. Feist, Werner Klemke, Gerhard Scheumann, Manfred Wekwerth, Paul Dessau and Kurt Schwaen.

[27] SAdA, CAA, SmA, 1975, ref. no. 755/1.

[28] SAdA, CAA, SmA, 1976 (sic), ref. no. 752. Seghers had in fact telephoned Braun to congratulate him on the work, comparing him to Büchner. See Judersleben/Karlson, 1000.

[29] SAdA, CAA, ref. no. 807/1.

[30] SAdA, CAA, ref. no. 894.

[31] Judersleben/Karlson, 1003ff.

[32] Ibid., 1004.

[33] Ibid., 1006.

[34] SAdA, CAA, ref. no. 802.

[35] See Ragwitz's letter to Honecker of 13 December 1976 in SAdP, IV B2/9. 06/29.

[36] SAdA, CAA, SmA, 1976, ref. no. 752.

9

Bibliographie 1986–1994

ROLF JUCKER

Notiz des Herausgebers: Diese Bibliographie umfaßt Primär- und Sekundärliteratur seit 1986. Die gesamte Primärliteratur ist mit den *Texten in zeitlicher Folge* wieder leicht greifbar, und die Sekundärliteratur bis 1986 ist hervorragend aufgearbeitet in Wallace, 1986 [vgl. 8]. Angaben zu Zeitschriften werden in der Form *Zeitschrift*, Jahrgang (Jahr) Heft (z.b. *Theater der Zeit*, 43 (1988) 4) gegeben. – 15.12.1994.

Abkürzungsverzeichnis/ Hinweise zur Benutzung

BB = *Börsenblatt für den deutschen Buchhandel*
FAZ = *Frankfurter Allgemeine Zeitung*
FR = *Frankfurter Rundschau*
GN = *Germanic Notes* (Culpepper, Lexington, Kentucky).
GQ = *The German Quarterly*. Eds. American Association of Teachers of German (Cherry Hill, N.J.).
GR = *Germanic Review* (New York, Columbia University; Washington DC, Heldref Publications).
MLR = *The Modern Language Review*. Eds. The Modern Humanities Research Association (London).
ND = *Neues Deutschland*
NDL = *Neue Deutsche Literatur*. Monatsschrift für deutschsprachige Literatur und Kritik (Berlin; Weimar, Aufbau).
NZZ = *Neue Zürcher Zeitung*
SuF = *Sinn und Form*. Beiträge zur Literatur. Hg. v. der Akademie der Künste zu Berlin (Berlin, Rütten & Loening).
SZ = *Süddeutsche Zeitung*
TLS = *The Times Literary Supplement* (London).
WB = *Weimarer Beiträge*. Zeitschrift für Literaturwissenschaft, Ästhetik und Kulturtheorie (Berlin, Aufbau; ab 37 (1991) 7: Wien, Passagen).
ZfG = *Zeitschrift für Germanistik* (Berlin, Lang).

R   = Rezension
BU = Besprechung der Uraufführung
AB = Aufführungsbesprechung

Synopsis

1. Bibliographien

2. Primärliteratur
2.1. Buchausgaben
2.1.1. Gesamtausgabe
2.1.2. Prosa
2.1.3. Drama
2.1.4. Lyrik
2.2. Einzelveröffentlichungen
2.3. Essays, Artikel und anderes
2.4. Werke von Braun in Übersetzung
2.5. Interviews

3. Sekundärliteratur
3.1. Allgemeine Darstellungen
3.1.1. Bücher
3.1.2. Artikel
3.2. Zu Essays
3.3. Zur Prosa
3.3.1. Allgemein
3.3.2. Einzelne Texte
3.4. Zur Dramatik
3.4.1. Allgemein
3.4.2. Einzelne Dramen
3.5. Zur Lyrik
3.5.1. Allgemein
3.5.2. Einzelne Gedichte/ Gedichtgruppen/ Gedichtbände

4. Vermischtes

1. Bibliographien

1. Behn, Manfred, 'Volker Braun', in *Kritisches Lexikon zur deutschsprachigen Gegenwartsliteratur (KLG)*, hg. v. Heinz Ludwig Arnold (München, edition text + kritik, 1986), 23. Nlg., A–R.
2. Hönes, Winfried, 'Bibliographie Volker Braun', in *Volker Braun*, hg. v. Heinz Ludwig Arnold (München, edition text + kritik, 1977 [=Text + Kritik; 55]), 58–64.
3. Jacquemoth, Jos, *Politik und Poesie: Untersuchungen zur Lyrik Volker Brauns* (Berlin, Schmengler, 1990), 240–53.
4. Profitilich, Ulrich, *Volker Braun. Studien zu seinem dramatischen und erzählerischen Werk* (München, Wilhelm Fink, 1985 [=UTB 1346]), 118–36.
5. Rosellini, Jay, *Volker Braun* (München, edition text + kritik; Beck, 1983 [=Autorenbücher; 31]), 187–200.
6. Rühmann, Ilona, 'Volker Braun', *Bibliographische Kalenderblätter der Berliner Stadtbibliothek*, 31 (1989) 5, 8–28.

7. Schubert, Holger J., 'Bibliographie', in Volker Braun, *Im Querschnitt* (Halle; Leipzig, Mitteldeutscher Verlag, 1978), 341–3.
8. Wallace, Ian, *Volker Braun. Forschungsbericht* (Amsterdam; Atlanta, Rodopi, 1986 [=Forschungsberichte zur DDR-Literatur; 3]), 81–132.

2. Primärliteratur

2.1. Buchausgaben

2.1.1. Gesamtausgabe

Texte *in zeitlicher Folge*. 10 Bände (Halle; Leipzig, Mitteldeutscher Verlag, 1989–93):

9. Bd. 1 (1989): *Der Schlamm, Provokation für mich, Sachsen. Rußland. Sand, Die Kipper, Das unverdiente Glück, Notate 1962–1966.*
10. Bd. 2 (1990): *Der Hörsaal, Wir und nicht sie, KriegsErklärung, Hinze und Kunze, Notate 1967–1968.*
11. Bd. 3 (1990): *Die Bühne, Verstreute Gedichte 1959–1968 [Psalmen, Kinderlieder, Bauch-Lieder, Karl Keusch. Sonette, Annatomie, Lieder des Bérangmann, Epigramme], Lenins Tod, T., Totleben, Notate 1969–1971.*
12. Bd. 4 (1990): *Unvollendete Geschichte, Gegen die symmetrische Welt, Tinka, Schmitten, Notate 1971–1973.*
13. Bd. 5 (1990): *Die Tribüne, Training des aufrechten Gangs, Guevara oder der Sonnenstaat, Großer Frieden, Schriften 1974–1977.*
14. Bd. 6 (1991): *Anekdoten, Verstreute Gedichte 1969–1978, Das Denkmal, Simplex Deutsch, Dmitri, Schriften 1978–1980.*
15. Bd. 7 (1991): *Berichte von Hinze und Kunze, Hinze-Kunze-Roman, Der Eisenwagen, Schriften 1981–1983.*
16. Bd. 8 (1992): *Rimbaud. Ein Psalm der Aktualität, Langsamer knirschender Morgen, Die Übergangsgesellschaft, Siegfried Frauenprotokolle Deutscher Furor, Schriften 1982–1984.*
17. Bd. 9 (1992): *Bodenloser Satz, Verstreute Gedichte 1979–1988 [Karlsbader Gedichte, Zur Zickzackbrücke gehörende Gedichte], Der Stoff zum Leben 3, Die Zickzackbrücke, Transit Europa. Der Ausflug der Toten, Schriften 1985–1988.*
18. Bd. 10 (1993): *Wie es gekommen ist, Rot ist Marlboro, Böhmen am Meer, Verbannt nach Atlantis, Iphigenie in Freiheit, Schriften 1989–1991, Chronologie der Gedichte, Register* [Alphabetisches Verzeichnis der Gedichte, Verzeichnis der übrigen Texte, Inhalt der einzelnen Bände].

2.1.2. Prosa (chronologisch)

19. *Unvollendete Geschichte*, ed. by Andy Hollis (Manchester, Manchester University Press, 1988 [=Manchester German Texts]).
20. *Unvollendete Geschichte. Arbeit für morgen* (Halle; Leipzig, Mitteldeutscher Verlag, 1988).
21. *Verheerende Folgen mangelnden Anscheins innerbetrieblicher Demokratie. Schriften* (Leipzig, Reclam [=Reclam Universal-Bibliothek; 1276]; Frankfurt/M, Suhrkamp [=es 1473], 1988).
22. *Bodenloser Satz* (Frankfurt/M, Suhrkamp, 1990).

23. *Hinze-Kunze-Roman.* Mit einer schöngeistigen Lesehilfe von Dieter Schlenstedt (Leipzig, Reclam, 1990 [=Reclam Universal-Bibliothek; 1372]).
24. *Die Erfahrung der Freiheit.* Mit Photographien von Gerhard Gabler (Leipzig, Ortsgruppe Leipzig der Pirckheimer-Gesellschaft im Kulturbund, 1990 [=Blätter zu Literatur und Grafik; 12]).

2.1.3. Drama (chronologisch)
25. 'Dmitri', in Friedrich Schiller, *Demetrius. Fragment*, Volker Braun, *Dmitri*, hg. und mit einem Nachwort v. Jürgen Teller (Leipzig, Reclam, 1986 [=Reclam Universal-Bibliothek; 1056]), 121–95.
26. *Transit Europa. Nach Motiven von Anna Seghers* (Berlin, Henschel, 1987).
27. *Siegfried Frauenprotokolle Deutscher Furor* (Berlin, Henschel, 1987).
28. *Die Übergangsgesellschaft. Komödie* (Berlin, Henschel, 1987).
29. *Lenins Tod* (Berlin, Henschel, 1988).
30. *T.* (Berlin, Henschel, 1989).
31. *Gesammelte Stücke.* 2 Bände (Frankfurt/M, Suhrkamp, 1989 [=es 1478]). [enthalten: Bd. 1: *Der Eisenwagen, Lenins Tod, T., Totleben, Schmitten, Guevara oder der Sonnenstaat. Großer Frieden.*; Bd. 2: *Simplex Deutsch, Dmitri, Die Übergangsgesellschaft, Siegfried Frauenprotokolle Deutscher Furor, Transit Europa. Der Ausflug der Toten*].
32. *Stücke 2.* Mit einem Nachwort von Klaus Schuhmann (Berlin, Henschel, 1989). [enthält *Der Eisenwagen, Lenins Tod, T., Totleben, Die Übergangsgesellschaft, Siegfried Frauenprotokolle Deutscher Furor, Transit Europa. Der Ausflug der Toten*].
33. *Böhmen am Meer.* Ein Stück (Frankfurt/M, Suhrkamp, 1992 [=es 1784]).
34. *Iphigenie in Freiheit* (Frankfurt/M, Suhrkamp, 1992).

2.1.4. Lyrik (chronologisch)
[Zum Entstehungsdatum einzelner Gedichte vgl. Volker Braun, *Texte*, Bd. 10 (1993), 221–36.]
35. *Langsamer knirschender Morgen.* Gedichte (Halle; Leipzig, Mitteldeutscher Verlag; Frankfurt/M, Suhrkamp, 1987) [2., erw. Aufl.: Leipzig, Mitteldeutscher Verlag, 1990].
36. *Annatomie* (Bremen, Neue Bremer Presse, 1989).
37. *Der Stoff zum Leben 1–3.* Gedichte. Mit einem Nachwort von Hans Mayer (Frankfurt/M, Suhrkamp, 1990 [=BS 1039]).
38. *Die Zickzackbrücke. Ein Abrißkalender* (Halle, Mitteldeutscher Verlag, 1992).

2.2. Einzelveröffentlichungen (chronologisch)
[Alle hier nicht aufgeführten Titel sind erstmals entweder in obigen Buchpublikationen oder in den *Texten in zeitlicher Folge* erschienen.]
39. 'Der Eisenwagen', *Monatshefte*, 78 (1986) 1, 7–10.
40. [3 Gedichte], in *Die Literatur der DDR. 1976–1986. Akten der internationalen Konferenz*, hg. v. Anna Chiarloni, Gemma Sartori und Fabrizio Cambi (Pisa, Giardini, 1987), 435–8.
41. 'Siegfried Frauenprotokolle Deutscher Furor', *Theater der Zeit*, 42 (1987) 2, 51–64.

42. 'Transit Europa', *NDL*, 35 (1987) 11, 5–28 [auch: *Spectaculum 45. Sechs moderne Theaterstücke* (Frankfurt/M, Suhrkamp, 1987), 45–68 sowie *Theater der Zeit*, 43 (1988) 1, 59–64].
43. 'Aus dem dogmatischen Schlummer geweckt'. Gedicht, *Das Argument*, No. 170 (1988), 474.
44. 'Verfahren Prometheus', 'Material XIII: Benjamin in den Pyrenäen', 'Die dunklen Orte', 'Grenzen der Menschheit'. Gedichte, *drehpunkt*, 20 (1988) 70, 40–6.
45. 'Lenins Tod' [inkl. 'Der Eisenwagen' vorangestellt], *SuF*, 40 (1988) 1, 37–85 [auch *Theater heute*, 29 (1988) 9, 41–51].
46. 'Material XIII: Benjamin in den Pyrenäen', 'Die Megamaschine', 'Der Drachensegler', 'Grenzen der Menschheit', 'Der Weise Mann im Osten', 'Aus dem dogmatischen Schlummer geweckt'. Gedichte, *SuF*, 40 (1988) 4, 743–7.
47. [8 Gedichte], in *Die eigene Stimme: Lyrik der DDR*, hg. v. Ursula Heukenkamp, Heinz Kahlau und Wulf Kirsten (Berlin; Weimar, Aufbau, 1988), 233–45.
48. 'Tagtraum', *FAZ*, No. 6, 7.1.1989, Bilder und Zeiten.
49. 'Bodenloser Satz', *SuF*, 41 (1989) 6, 1235–46.
50. 'Die Übergangsgesellschaft', *Theater der Zeit*, 43 (1988) 5, 59–64 [auch *Theater heute*, 30 (1989) 4, 47–51].
51. 'Die Zickzackbrücke', *NDL*, 38 (1990) 1, 5–13.
52. 'Hydre intime. Familienleben', *Neue Rundschau*, 101 (1990) 4, 25–8.
53. 'Das Eigentum', *ND*, 4./5.8.1990, 1 sowie *Die Zeit*, No. 33, 10.8.1990 [unter dem ursprünglichen Titel 'Nachruf' in *Grenzfallgedichte*, hg. v. Anna Chiarloni und Helga Pankoke (Berlin; Weimar, Aufbau, 1991), 109].
54. 'O Chicago! O Widerspruch!', *Thüringer Allgemeine*, 26.10.1990.
55. 'Wüstensturm', *Berliner Zeitung*, 21.1.1991.
56. 'Wie es gekommen ist'. Prosa ['Die Nachricht', 'Die Bestrafung', 'Wie es gekommen ist', 'Meine Witwenschaft', 'Vor dem Kiosk', 'Die Kolonie', 'Rückblende', 'Lear oder der Tod der Hundeführer'], *SuF*, 42 (1990) 3, 545–54.
57. 'Rot ist Marlboro'. Gedichte ['Der 9. November', 'Es kann wieder gelernt werden', 'Mein Bruder', 'Der Reißwolf', 'Das Theater der Toten', 'Mein Terrortorium', 'Marlboro is Red. Red is Marlboro', 'Ende Oktober im August'], *NDL*, 39 (1991) 12, 5–8.
58. 'Lear oder der Tod der Hundeführer', 'Notiz', *BB*, No. 18, 3.3.1992, 21, 23.
59. 'Das Wirklichgewollte', *ND*, 24.12.1993.
60. 'Der Weststrand', *NDL*, 42 (1994) 3, 5–12.
61. 'Die Verstellung', *Theater der Zeit*, 49 (1994) 3, 2–4.
62. 'Die Kolonie', 'Worum geht es?', *Deutsches Allgemeines Sonntagsblatt*, No. 21, 27.5.1994, 23.

2.3. Essays, Artikel und anderes (chronologisch)

63. 'Der Mensch ohne Zugehörigkeit', *Das Argument*, No. 157 (1986), 327–9.

64. 'Abweichen vom bürgerlichen Verkehr'. Rede anläßlich der Verleihung des Literaturpreises der Stadt Bremen, *Die Zeit*, No. 6, 31.1.1986, 51 [auch in *Positionen 3. Wortmeldungen zur DDR-Literatur*, hg. v. Eberhard Günther und Hinnerk Einhorn (Halle; Leipzig, Mitteldeutscher Verlag, 1987), 64–7].

65. 'Die hellen Orte'. Rede auf dem X. Schriftstellerkongreß der DDR, *Deutsche Volkszeitung/ die tat*, 4.12.1987 [auch in *Das Argument*, No. 167 (1988), 5–7].

66. 'London / Berlin', *Theater 1988*. Jahrbuch der Zeitschrift *Theater heute*, 26–8.

67. 'Der Freizeitpark', in *Bizzare Städte 2*, hg. v. Asteris Kutulas (Berlin, 1988), o. S.

68. 'Utopisch ist es, wahrzunehmen, was mit uns ist'. Unredigierte Mitschrift zweier Erwiderungen während der Konferenz zur DDR-Literatur in Pisa am 30. Mai 1987, in *Positionen 4. Wortmeldungen zur DDR-Literatur* (Halle; Leipzig, Mitteldeutscher Verlag, 1988), 179–87.

69. 'Prolog zur Eröffnung der 40. Spielzeit des Berliner Ensembles am 11. Oktober 1989' (Berlin, Flugblatt der 'Künstler mit Brecht für den Fortschritt', Brecht-Zentrum der DDR).

70. 'Die Erfahrung der Freiheit', *ND*, 11./12.11.1989.

71. 'Notizen eines Publizisten. Vom Besteigen hoher Berge. Das Werkzeug der Geschichte. Die Wege im Tal. Kommt Zeit, kommen Räte', *ND*, 8.12.1989 [wieder abgedruckt in *SZ*, 12.12.1989, 33 sowie in '*Die Geschichte ist offen'. DDR 1990: Hoffnung auf eine neue Republik. Schriftsteller aus der DDR über die Zukunftschancen ihres Landes*, hg. v. Michael Naumann (Reinbek bei Hamburg, Rowohlt, 1990 [=rororo aktuell 12814]), 15–21].

72. 'Leipziger Poetik-Vorlesung'. Gehalten am 12.12.1989 an der Karl-Marx-Universität Leipzig, in *kopfbahnhof. Almanach 3* (Leipzig, 1991), 256–74.

73. 'Das Unersetzliche wird unser Thema bleiben. Eröffnung des außerordentlichen Schriftstellerkongresses [der DDR] am 1. März 1990 [in Berlin]', *Berliner Zeitung*, 2.3.1990 [auch in *NDL*, 38 (1990) 6, 6–9].

74. '3. Oktober 1990'. Vorgetragen auf der Veranstaltung 'Hurra, du Schwarz, du Rot, du Gold' am Abend des 2. Oktober 1990 im Maxim-Gorki-Theater Berlin, *Die Wochenpost*, (1990) 40.

75. 'Die Leute von Hoywoy (2)', *Die Wochenpost*, (1991) 42.

76. 'Brief an Wolfgang Thierse', *Die Zeit*, No. 46, 8.11.1991.

77. 'Ein Fall von monströser Banalität', *Die Zeit*, No. 48, 22.11.1991 [auch in *MachtSpiele. Literatur und Staatssicherheit im Fokus Prenzlauer Berg*, hg. v. Peter Böthig und Klaus Michael (Leipzig, Reclam, 1993 [=Reclam Bibliothek; 1460], 321–4].

78. 'Einleitung eines Gesprächs', in *Tendenz Freisprache. Texte zu einer Poetik der achtziger Jahre*, hg. v. Ulrich Janetzki und Wolfgang Rath (Frankfurt/M, Suhrkamp, 1992 [=es 1675]), 15–18.

79. 'Raskolnikow Trotzki Gorbatschow'. Kommentar zur *Rede über Puschkin* von Dostojewski, *SuF*, 44 (1992) 5, 701–7 [auch in *Dostojewski, Fedor M., Rede über Puschkin am 8. Juni 1880 vor der Versammlung des Vereins*

'*Freunde russischer Dichtung*' (Hamburg, Europäische Verlagsanstalt, 1992 [=EVA-Reden; 6]), 41–52].

80. 'Adresse Heinrich Heine'. Stellungnahme, *Der Tagesspiegel*, 18.9.1992.

81. 'Ist das unser Himmel? Ist das unsre Hölle?' Rede zum Schiller-Gedächtnis-Preis (Stuttgart 10.11.1992), *SuF*, 45 (1993) 1, 166–169 [in Auszügen als 'Ideale in der Kolonie', *Stuttgarter Zeitung*, No. 262, 11.11.1992, 20].

82. 'Für Stephan Hermlin (1993)'. Nachwort zu Stephan Hermlin, *In einer dunklen Welt* (Leipzig, Reclam, 1993 [=Reclam Universal-Bibliothek; 1471]), 79–85.

83. '"... Solang Gedächtnis haust / in this distracted globe"'. Rede zur Vereinigung der beiden deutschen Shakespeare-Gesellschaften am 24.4.1993 in Weimar, *Freitag*, (1993) 18.

2.4. Werke von Braun in Übersetzung (chronologisch)

84. *Libres propos de Hinze et Kunze*, tr. by Gilbert Badia and Vincent Jezewski (Paris, Messidor/ Temps Actuel, 1985).

85. *A Nagy Megbékelés* [Großer Frieden] (Budapest, Europa Könyvkiadó, 1986).

86. *Masrahiyat Jivara, aw, Dawlat al-Shams* [Guevara, Arabic], tr. by Riyad Masarawah ('Akka, al-Aswar, 1986).

87. *Oschtsche rano. Etsche e kjsno* [Ist es zu früh. Ist es zu spät (Gedichte)] (Sofia, Narodna kultura, 1986).

88. *Versei* (Budapest, Europa Könyvkiadó, 1986).

89. *Tohle snad není vsechno!* [Das kann nicht alles sein (Stücke)] (Prag, mlada fronta, 1987).

90. *Le Roman de Hinze et Kunze*, tr. by Alain Lance and Renate Lance-Otterbein (Paris, Editions Messidor, 1988).

91. *A Hincze-Kuncze-regény* (Budapest, Magretö Kiadó, 1988).

92. 'Morts en Transit', *Europe-Revue littéraire mensuelle*, 66 (1988) 709, 125–51.

93. 'Rimbaud: a topical psalm', tr. and with an introduction by Arrigo Subiotto, *Comparative Criticism. A yearbook*, 11 (1989), 139–69.

94. 'Volker Brauns curriculum vitae', 'Noon', 'Why it is advisable to be quick-tempered', *Stand Magazine*, 30 (1989) 2, 26–31.

95. *La Gran Paz* (Madrid, Publicaciones de la associacion de directores de escena, 1990).

96. *Le pont en zig-zag*, tr. by Alain Lance (Luzarches, Edition Royaumont, 1990 [=Les Cahiers de Royamont; 25]).

97. *Prechodná spolocnost. komédia* [Die Übergangsgesellschaft, slovak], tr. by Martin Porubjak (Bratislava, Lita, 1990).

98. *Proces Galilei* [Gedichte], tr. by Gheorghe Nicolaescu (Bukarest, Editura Univers, 1990).

99. *Izbrannoe: perevod s nemeckogo* [Prosa, Stücke, Gedichte], tr. by Aleksandr Gugnin (Moskva, Raduga, 1991).

100. *Istoria choris telos* [Unvollendete Geschichte], tr. by Katerina Maurokephalidu (Athen, Ekdoseis Delphini, 1992).

101. *Phrase sans fond: récit* [Bodenloser Satz], tr. and epilogue by Alain Lance (Arles, Actes Sud, 1993).

102. [Iphigenie in Freiheit, Korean], *Contemporary World Literature* (Seoul, 1993).

2.5. Interviews (chronologisch)

103. 'Die Dimension des Kritikers'. Volker Braun fragt Hans Kaufmann, in Kaufmann, Hans, *Über DDR-Literatur. Beiträge aus fünfundzwanzig Jahren* (Auswahl und Bibliographie von Ingrid Hähnel) (Berlin; Weimar, Aufbau, 1986), 241–262.
104. 'Trost bei der Nüchternheit der Aufklärer'. Ein Gespräch [von Peter Schütt] mit dem DDR-Schriftsteller Volker Braun, *Deutsche Volkszeitung/ die tat*, No. 27, 4.7.1986, 11 [auch als: '"Ich hab' auch Illusionen verloren"', *Kultur und Gesellschaft*, (1986) 7/8, 13–14].
105. 'Volker Braun im Gespräch zu *Siegfried Frauenprotokolle Deutscher Furor'*, *Theater der Zeit*, 42 (1987) 2, 53.
106. 'Volker Braun und Christoph Hein in der Diskussion', in *Die Literatur der DDR. 1976–1986* [vgl. 40], 439–47.
107. 'Die Kunst – als Streit der Interessen'. Volker Braun über Politik und Ästhetik, im Gespräch mit Peter von Becker und Michael Merschmeier, *Theater heute*, 29 (1988) 13, 29–33.
108. 'Für eine Rückhaltlosigkeit, die ermutigt'. Ein Gespräch [von Burkhard Baltzer] mit dem Ostberliner Schriftsteller Volker Braun, *SZ*, No. 178, 5./6.8.1989, 13.
109. 'Lösungen für alle'. Gespräch mit der ungarischen Tageszeitung *Népszabadság* am 18.10.1989 in Budapest, *Der Morgen*, 28./29.10.1989 sowie *Népszabadság*, 11.11.1989.
110. 'Gespräch mit Volker Braun', in *Szenische Geschichtsdarstellung. Träume über Wissen?*, hg. v. Michael W. Schlicht und Siegfried Quandt (Marburg, Hitzeroth, 1989 [=Geschichte – Grundlagen und Hintergründe; 2]), 13–21.
111. 'Jetzt wird der Schwächere plattgewalzt'. Interview mit Christoph Funke, *Der Morgen*, 21.2.1991.
112. 'Interview mit Günter Gaus', gesendet vom Deutschen Fernsehfunk (DFF) am 10.4.1991; gedruckt in Günter Gaus, *Neue Porträts in Frage und Antwort* (Berlin, Volk und Welt, 1992), 57–73.
113. 'Volker Braun'. Gespräch mit Andreas Lehmann, *Freitag*, No. 26, 21.6.1991, 19 [inkl. Textabdruck aus *Iphigenie in Freiheit*].
114. 'Gespräch mit York-Gothart Mix', in [192], 217–222.

3. Sekundärliteratur

3.1. Allgemeine Darstellungen

3.1.1. Bücher

115. Dart, Jonathan Howard, 'Das Individuum und der historische Prozeß in den Werken Volker Brauns' (Berlin (DDR), Dissertation, 1986).
116. Grauert, Wilfried, *Ästhetische Modernisierung bei Volker Braun. Studien zu Texten der achtziger Jahre* (Würzburg, Königshausen & Neumann, 1995 [=Epistemata: Reihe Literaturwissenschaft; 137]).

3.1.2. Artikel

117. Arnold, Herbert A., 'The Third World in the Work of Volker Braun and Heiner Müller', *Seminar: A Journal of Germanic Studies*, 28 (1992) 2, 148–58.

118. Cosentino, Christine, '"ich bin kein artist." Volker Braun und Sascha Anderson zur Position des Dichters in der DDR', *GN*, 17 (1986) 1, 2–4.

119. Erbe, Günter, 'Von der Pflicht zur Kür. DDR-Schriftsteller und Moderne. Zum neueren Selbstverständnis von Schriftstellern in der DDR', in *Tradition und Fortschritt in der DDR. (XIX. Tagung zum Stand der DDR-Forschung in der BRD)*, hg. v. Ilse Spittmann-Rühle (Köln, Wissenschaft und Politik, 1986 [=Edition Deutschland Archiv]), 132–5.

120. Giese, Peter Christian, 'Der Blick auf den "Radwechsel": Zur Rezeption eines Brecht-Gedichts (Yaak Karsunke, Hans Magnus Enzensberger, Thomas Brasch, Volker Braun)', *Jahrbuch der Deutschen Schiller-Gesellschaft*, 31 (1987), 394–427.

121. Haffad, Dorothea, 'Wertung und Verwertung. Zur Brechtrezeption bei Volker Braun', *Connaissance de la RDA*, (1987) 25, 49–68.

122. Herzinger, Richard und Heinz-Peter Preußer, 'Vom Äußersten zum Ersten. DDR-Literatur in der Tradition deutscher Zivilisationskritik', in *Literatur in der DDR. Rückblicke*, hg. v. Heinz Ludwig Arnold (München, edition text + kritik, 1991 [=Text + Kritik; Sonderband]), 195–209, insb. 201–3.

123. Herzinger, Richard, 'Die obskuren Inseln der kultivierten Gemeinschaft. Heiner Müller, Christa Wolf, Volker Braun – deutsche Zivilisationskritik und das neue Antiwestlertum', *Die Zeit*, No. 23, 4.6.1993, Literaturbeilage 8.

124. Hoefert, Sigfrid, 'Zum China-Bild in der DDR-Literatur: Volker Braun, Christoph Hein und Stephan Hermlin', in *Fernöstliche Brückenschläge. Zu deutsch-chinesischen Literaturbeziehungen im 20. Jahrhundert*, hg. v. Adrian Hsia und Sigfrid Hoefert (Bern, Lang, 1992 [=Euro-Sinica; 3]), 189–98.

125. Igel, Bernhard, 'Ein Blatt für Volker Braun', *Indo-German. German Studies in India*, 13 (1989) 3, 41–3.

126. Kaufmann, Ulrich, 'Marginalien zur Weiss-Lektüre bei Volker Braun und anderen', *Wissenschaftliche Zeitschrift der Friedrich-Schiller-Universität Jena/Thüringen* [Gesellschafts- und sprachwissenschaftliche Reihe], 36 (1987) 3, 399–404.

127. Klotz, Christian, 'Volker Braun oder Wir haben die Morgenröte entrollt, um in der Dämmerung zu wohnen', *Literatur für Leser*, 13 (1990) 2, 107–21.

128. Heukenkamp, Ursula, 'Von Utopia nach Afrika. Utopisches Denken in der Krise der Utopie', in *Literatur in der DDR. Rückblicke* [vgl. 122], 184–94.

129. Lindner, Bernd, 'Väter – Söhne – Mütter – Töchter. Der Generationskonflikt bei Christoph Hein, Volker Braun, Uwe Saeger und Heiner Müller', in *DDR-Literatur '89 im Gespräch*, hg. v. Siegfried Rönisch (Berlin; Weimar, Aufbau, 1990), 123–35.

130. Mehnert, Elke, 'Volker Braun: ". . . international wie das Moos"', in dies., *Brücke zum Nachbarn: Polen-Bilder in der deutschen Literatur* (Zwickau, Pädagogische Hochschule, 1992 [=IV]), 113–17.

131. Millot, Cécile, 'Volker Braun', *Connaissance de la RDA*, (1984) 19, 67–82.

132. Möbius, Regine, 'Sie ritten brüderlich *hintereinander*. Autoren in den Neuen Bundesländern Folge sechs: Volker Braun', *BB*, No. 18, 3.3.1992, 18–23.

133. Mugnolo, Domenico, 'Recenti studi su Volker Braun', *Studi Germanici*, 24/26 (1986/88), 469–495.

134. Müller, Ernst, 'Finita la Comedia oder Die Revolution als Kunstwerk? Bemerkungen zum politischen Ort der literarischen Öffentlichkeit in der DDR', *Lili. Zeitschrift für Literaturwissenschaft und Linguistik*, 82 (1991), 9–22.

135. Pergande, Ingrid, '"Doch die eigenen armen Entwürfe gelten jetzt nichts". Alltag, Politik und Literatur bei Volker Braun', *Juni. Magazin für Kultur und Politik am Niederrhein*, 4 (1990) 2/3, 136–43.

136. Preußer, Heinz-Peter, 'Troia als Emblem. Mythisierungen des Krieges bei Heiner Müller, Christa Wolf, Stefan Schütz und Volker Braun', in *Literaten und Krieg*, hg. v. Heinz-Ludwig Arnold (München, edition text + kritik, 1994 [=TEXT+KRITIK, 124]), 61–73.

137. Reid, Jim H., 'Elektra, Iphigenie and Antigone: Volker Braun's Women and the *Wende*', in *Women and the* Wende. *Social Effects and Cultural Reflections of the German Unification Process*, ed. by Elizabeth Boa and Janet Wharton (Amsterdam; Atlanta, Rodopi, 1994 [=German Monitor; 31]), 189–99.

138. Rothschild, Thomas, '"Es genügt nicht die einfache Wahrheit". Eine Laudatio auf Volker Braun', *FR*, 30.4./1.5.1993, ZB 2.

139. Rühmann, Ilona, 'Man kann sich selber nicht vertagen', *Neue Berliner Illustrierte*, 44 (1988) 13, 8–11.

140. Schalk, Axel, '"O, Deutschland, bleiche Mutter!" Heines Enkel und Brechts Söhne und ein deutscher Mythos', *Sprache im technischen Zeitalter*, 28 (1990) 114, 145–72, insb. 160–64.

141. Schlenstedt, Dieter, 'Entwicklungslinien der neueren Literatur in der DDR', *ZfG*, 9 (1988) 1, 5–23.

142. Schlenstedt, Dieter, 'Träume. Beobachtungen an der neueren Literatur in der DDR', in *Studies in GDR Culture and Society 10*, ed. by Margy Gerber *et al.* (Lanham; New York; London, University Press of America, 1991), 105–33, esp. 128–33.

143. Schlenstedt, Dieter, 'Durchgearbeitete Landschaften Volker Brauns', in *Literatur und politische Aktualität*, hg. v. Elrud Ibisch und Ferdinand van Ingen unter Mitarbeit von Anthonya Visser (Amsterdam; Atlanta, Rodopi, 1993 [=Amsterdamer Beiträge zur neueren Germanistik; 36]), 81–100.

144. Schuhmann, Klaus, 'Das Bild der Revolution bei Anna Seghers, Heiner Müller und Volker Braun. Betrachtungen an drei Autoren der DDR-Literatur', *Germanica Wratislaviensia*, 104 (1994), 97–106.

145. Shaw, Gisela, 'Die Landschaftsmetapher bei Volker Braun', *GDR Monitor*, No. 16 (1986/87), 105–39.

146. Shaw, Gisela, 'Volker Braun und seine Gewährsmänner: von der Solidarität der verhinderten Revolutionäre', in *Geist und Macht: Writers and the State in the GDR*, ed. by Axel Goodbody and Dennis Tate (Amsterdam; Atlanta, Rodopi, 1992 [=German Monitor; 29]), 193–203.
147. Streller, Siegfried, 'Der gegenwärtige Prometheus', *Goethe-Jahrbuch*, (1984) 101, 24–41.
148. Subiotto, Arrigo, 'Volker Braun: literary metaphors and the travails of socialism', in *Socialism and the Literary Imagination: Essays on East German Writers*, ed. by Martin Kane (New York, Berg, 1991), 195–212.
149. Subiotto, Arrigo, 'Volker Braun', in *Contemporary World Writers*, ed. by Tracy Chevalier (Andover, St James Press, 1993), 72–3.

3.2. Zu Essays

Zu *Büchners Briefe* (1977) und Brauns Büchner-Rezeption
150. Goltschnigg, Dietmar, 'Utopie und Revolution: Georg Büchner in der DDR-Literatur: Christa Wolf, Volker Braun, Heiner Müller', *Zeitschrift für Deutsche Philologie*, 109 (1990) 4, 571–96.
151. Goltschnigg, Dietmar, 'Tendenzen der Rezeption Georg Büchners in der DDR-Literatur seit 1970', in *Begegnung mit dem 'Fremden'. Grenzen – Traditionen – Vergleiche. Akten des VIII. Internationalen Germanisten-Kongresses, Tokyo 1990*, hg. v. Yoshinori Shichiji (München, Iudicium Verlag, 1991 [=Sektion 10: Die Fremdheit der Literatur; 6]), 153–61.
152. Kaufmann, Ulrich, '". . . Poesie aus der unvollendeten, aus der arbeitenden Geschichte . . .": Volker Braun im Dialog mit Georg Büchner', in ders., *Dichter in 'stehender Zeit': Studien zur Georg-Büchner-Rezeption in der DDR* (Erlangen, Palm & Enke; Jena, Universitätsverlag, 1992 [=Jenaer Reden und Schriften; 2]), 90–122 [teilweise auch in *Wissenschaftliche Zeitschrift. Brandenburgische Landeshochschule (Potsdam). Wortwechsel. Studien zur DDR-Literatur*, 34 (1990) 3, 199–204].
153. Rosellini, Jay, 'Kulturerbe und Zeitgenossenschaft: Volker Braun und Georg Büchner', *GQ*, 60 (1987) 4, 600–16.
154. Winter, Ilse, 'Ein Beitrag zur Büchnerrezeption in der DDR', *Carleton Germanic Papers*, 16 (1988), 47–60.

Zu *Rimbaud. Ein Psalm der Aktualität* (1984)
155. Albert, Claudia, 'Rimbaud vivant', *WB*, 37 (1991) 7, 1018–27.
156. Anderson, Sascha, 'fixierung einer metaremapher. zu volker braun, RIMBAUD. EIN PSALM DER AKTUALITÄT', *schaden*, (1985) 8, 1–3.
157. Claas, Herbert, 'Trunkenes Schiff und Eisenwagen. Volker Brauns *Rimbaud. Ein Psalm der Aktualität*', in *Verrat an der Kunst? Rückblicke auf die DDR-Literatur*, hg. v. Karl Deiritz und Hannes Krauss (Berlin, Aufbau, 1993 [=AtV Dokument und Essay; 8005]), 104–8.
158. Cosentino, Christine, 'Volker Brauns Essay *Rimbaud. Ein Psalm der Aktualität* im Kontext seiner Lyrik', in *Studies in GDR Culture and Society 7*, ed. by Margy Gerber (Lanham; New York; London, University Press of America, 1987), 171–84.
159. Decker, Gunnar, 'Die Last der Subversion', *NDL*, 41 (1993) 8, 96–102.

160. Grauert, Wilfried, 'Der Autor verläßt den Eisenwagen oder Unterwegs zu einer neuen Poetik. Zu Volker Brauns Essay *Rimbaud. Ein Psalm der Aktualität*', *Wirkendes Wort*, 43 (1993) 2, 265–85.
161. Subiotto, Arrigo, 'Volker Braun, Rimbaud und die DDR', in *Die Literatur der DDR. 1976–1986* [vgl. 40], 241–52.

3.3. Zur Prosa
3.3.1. Allgemein
162. Schregel, Friedrich H., *Die Romanliteratur der DDR. Erzähltechniken, Leserlenkung, Kulturpolitik* (Opladen, Westdeutscher Verlag, 1991).

Zu *Texte in zeitlicher Folge* (1989–93)
163. Denneler, Iris, 'Archaische Landschaft mit Losungen' [R *Bodenloser Satz* und *Texte* Bd. 1], *Der Tagespiegel*, No. 13517, 11.3.1990, XIX.
164. Engler, Jürgen, 'Bodenlose Sätze' [R Bd. 1], *Die Zeit*, No. 11, 9.3.1990, Literaturbeilage 4.
165. Funke, Christoph, 'Arbeit an der Veränderung. Volker-Braun-Werkausgabe: 10. Band der *Texte in zeitlicher Folge*', *Der Tagesspiegel*, No. 14782, 2.1.1994, VII.
166. Jarmatz, Klaus, '". . . daß sich die ruhigen Leute selbst nicht mehr gefallen"' [R Bde 1–3], *ND*, No. 189, 15.8.1990, 9.
167. Jarmatz, Klaus, 'Die "offenen Enden" der Geschichte' [R], *ND*, 5.10.1993.
168. Schlenstedt, Dieter, 'In der Folge der Zeiten' [R Bde 1–6], *NDL*, 39 (1991) 7, 136–46.
169. Seuß, Rolf, 'Von Klassik keine Spur. Volker Braun in zehn Bänden beim Mitteldeutschen Verlag' [R], *Leipziger Volkszeitung*, 2.6.1993.

3.3.2. Einzelne Texte
Zu *Unvollendete Geschichte* (1975)
170. Baer, Volker, 'Ein Schwelbrand liegt giftig über dem ganzen Land. Frank Beyers Film *Der Verdacht* nach Volker Brauns *Unvollendeter Geschichte*', *Der Tagesspiegel*, No. 13997, 10.10.1991, 19.
171. Bulgakowa, Oksana, 'Die unvollendete Geschichte. Kino-Rückblicke auf die DDR: Frank Beyers *Verdacht*', *Die Zeit*, No. 43, 18.10.1991, 68.
172. Jarmatz, Klaus, 'Eine Schreibstrategie, die Interessenstreit und Sinnsuche in Gang setzt' [R zur ersten Buchausgabe in der DDR 1988 sowie zu *Verheerende Folgen mangelnden Anscheins innerbetrieblicher Demokratie*], *NDL*, 37 (1989) 7, 139–47.
173. Judersleben, Jörg und Holger Jens Karlson, 'Eine nicht zu vollendende Geschichte. Amtliches zur *Unvollendeten Geschichte* von Volker Braun', *SuF*, 45 (1993) 6, 998–1007.
174. Lücke, Bärbel, *Volker Braun* Unvollendete Geschichte. *Interpretation* (München, Oldenbourg, 1990 [=Oldenbourg-Interpretationen; 48]).
175. Reinhardt, Thomas, 'Geschichte vom Mordversuch an einer Liebe. Vergangenheitsbewältigung auf der Kinoleinwand: Frank Beyers Film *Der Verdacht*', *Saarbrücker Zeitung*, No. 20, 24.1.1992, 14.

176. Reucher, Theo, 'Volker Braun: *Unvollendete Geschichte*', in *Erzählen, Erinnern. Deutsche Prosa der Gegenwart. Interpretationen*, hg. v. Herbert Kaiser und Gerhard Köpf (Frankfurt/M, Diesterweg, 1992), 149–71.
177. Rust, Roland, 'Ohne Ausweg. *Der Verdacht*: ein neuer Defa-Film fürs Kino', *FAZ*, 22, 27.1.1992, 25.
178. Schmitz, Helmut, 'Verlaß muß sein. Frank Beyers DDR-Nachlese-Film *Der Verdacht*', *FR*, No. 281, 4.12.1991, 14.
179. Ullrich, Eckhard, '*Arbeit für morgen*. Eine Erzählung und Anekdoten von Volker Braun', *Sonntag*, No. 32, 6.8.1989, 4 [R der ersten DDR-Buchausgabe von *Unvollendete Geschichte*].

Zu *Die Tribüne* (1979)
180. Wallace, Ian, '"Man muß es gesehen haben." Zu Volker Brauns *Die Tribüne*', in *Subjektivität, Innerlichkeit, Abkehr vom Politischen? Tendenzen der deutschsprachigen Literatur der 70er Jahre. Dokumentation der Tagungsbeiträge des Britisch-Deutschen Germanistentreffens in Berlin vom 12.–18.4.1982*, hg. v. Keith Bullivant, Hans-Joachim Althof u. a. (Bonn, Deutscher Akademischer Austauschdienst, 1986 [=DAAD Dokumentationen und Materialien; 6]), 208–19.

Zum Hinze-Kunze-Motiv
181. Albert, Claudia, 'Diderots *Jacques le fataliste et son maître* als Modell für Volker Brauns *Hinze-Kunze-Roman*', *Jahrbuch der Deutschen Schillergesellschaft*, 33 (1989), 384–96.
182. Berghahn, Klaus L., 'Den Faust-Mythos zu Ende bringen: Von Volker Brauns *Hans Faust* zu *Hinze und Kunze*', in *Literarische Tradition heute. Deutschsprachige Gegenwartsliteratur in ihrem Verhältnis zur Tradition*, hg. v. Gerd Labroisse und Gerhard P. Knapp (Amsterdam; Atlanta, Rodopi, 1988 [=Amsterdamer Beiträge zur Neueren Germanistik; 24]), 297–315.
183. Buchholz, Hartmut, 'Herr und Knecht im Arbeiterstaat' [R *Hinze-Kunze-Roman*], *Badische Zeitung*, No. 6, 9.1.1986, 14.
184. Cimaz-Martineau, Geneviève, 'Volker Braun: *Les libres propos de Hinze et Kunze*' [R der französischen Ausgabe der *Berichte von Hinze und Kunze*], *Études Germanique*, 40 (1985) 4, 577.
185. Cosentino, Christine, 'Volker Braun's *Geschichten von Hinze und Kunze*: A New Look at an Old Problem', in *Studies in GDR Culture and Society 4*, ed. and pref. by Margy Gerber (Lanham, MD, University Press of America, 1984), 95–106.
186. Cosentino, Christine und Wolfgang Ertl, 'Das Hinze-Kunze-Motiv im Werk Volker Brauns', *GR*, 64 (1989) 4, 168–76.
187. Creutzinger, Werner, 'Die Kraft der Empfindlichkeit', *NDL*, 35 (1987) 8, 114–28, insb. 124–8.
188. Delon, M., [R der französischen Übersetzung], *Europe-Revue littéraire mensuelle*, 67 (1989) 720, 215–16.
189. De Vos, Jaak, '"Im gesellschaftlichen Interesse". Chiffren der Subversivität in Volker Brauns *Hinze-Kunze-Roman*', in *Literatur und politische Aktualität* [vgl. 143], 155–78.

190. Dwars, Jens-Fietje, 'Die Verwandlung eines Autors. Versionen des Faust-Stoffes bei Volker Braun', *Das Wort, Germanistisches Jahrbuch DDR-UdSSR*, 1990, 289–94.

191. Dwars, Jens-Fietje, 'Verstrickungen. Volker Braun: *Hinze-Kunze-Roman*', in *Verrat an der Kunst?* [vgl. 157], 127–31.

192. *Ein 'Oberkunze darf nicht vorkommen'. Materialien zur Publikationsgeschichte und Zensur des Hinze-Kunze-Romans von Volker Braun*, hg. und eingeleitet von York-Gothart Mix (Wiesbaden, Harrassowitz, 1993 [=Veröffentlichungen des Leipziger Arbeitskreises zur Geschichte des Buchwesens: Schriften und Zeugnisse zur Buchgeschichte; 4]).

193. Flügge, Reiner, 'Volker Braun: *Hinze-und-Kunze-Roman*', *L'80*, (1987) 41, 179–81.

194. Glayman, Claude, 'Kunze et Hinze au pays du socialisme reel' [R der französischen Übersetzung des *Hinze-Kunze-Romans*], *La quinzaine littéraire*, (1988) 520, 16.

195. '*Hinze-Kunze-Roman* von Volker Braun' [Mit Beiträgen von] Ursula Heukenkamp, Hans Kaufmann, Siegfried Rönisch und Bernd Schick], *WB*, 32 (1986) 5, 830–45.

196. Hofmann, Michael, 'Kleinstaat, Kleinstadt' [R *Hinze-Kunze-Roman*], *TLS*, No. 4324, 14.2.1986, 173.

197. Jansen, Hans, 'Neue Herren, neue Knechte' [R *Hinze-Kunze-Roman*], *Westdeutsche Allgemeine Zeitung*, No. 46, 24.2.1986.

198. Jarmatz, Klaus, 'Realismus mit Ecken und Kanten', *NDL*, 34 (1986) 2, 132–9.

199. Kähler, Hermann, 'Unordentliche Bemerkungen zu einem nicht abseitigen Thema' [R *Hinze-Kunze-Roman*], *SuF*, 38 (1986) 2, 435–8.

200. Lindner, Gabriele, 'Volker Brauns *Hinze-Kunze-Roman*', in *DDR-Literatur '85 im Gespräch*, hg. v. Siegfried Rönisch (Berlin; Weimar, Aufbau, 1986), 100–8.

201. Love, Frederick R., [R *Hinze-Kunze-Roman*], *World Literature Today: A Literary Quarterly of the University of Oklahoma*, 60 (1986) 4, 620–1.

202. Mechtenberg, Theo, 'Herr und Knecht – der *Hinze-Kunze-Roman* von Volker Braun', *Deutsche Studien. Vierteljahreshefte der Ost-Akademie Lüneburg*, 25 (1987) 100, 363–6.

203. Mews, Siegfried; Greene, Martina, 'A Merry Departure from the Past? Master-Servant Relations in Bertolt Brecht, Martin Walser, and Volker Braun', in *New Critical Perspectives on Martin Walser*, ed. by Frank Philipp (Columbia, SC, Camden House, 1994), 29–46.

204. Schlenstedt, Dieter, 'Eine schöngeistige Lesehilfe', in Volker Braun, *Hinze-Kunze-Roman* (Leipzig, Reclam, 1990), 132–49.

205. Schmolze, Gerhard, 'Leiter und Geleitete' [R *Hinze-Kunze-Roman*], *Zeitwende*, 57 (1986), 250–1.

206. Speicher, Stephan, 'Das Buch des Monats' [R *Hinze-Kunze-Roman*], *Handelsblatt*, No. 125, 4./5.7.1986, 4.

207. Wallace, Ian, 'Volker Braun: *Hinze-Kunze-Roman*', in *Die Literatur der DDR. 1976–1986* [vgl. 40], 159–68.

208. Wolff, Dorothea, '"Entweder würden sie in den mächtigen eisernen Bedingungen verschwinden, oder sie müßten sie zerbrechen" – Gedanken zur Gestaltung des Verhältnisses Leiter – Geleiteter im *Hinze-*

Kunze-Roman von Volker Braun', *Germanistisches Jahrbuch DDR-Ungarn*, 9 (1990), 63–76.

Zu *Verheerende Folgen mangelnden Anscheins innerbetrieblicher Demokratie* (1988)
209. Ahrends, Martin, 'Strich durch die Rechnung' [R], *Die Zeit*, No. 49, 2.12.1988, 71.
210. Bormann, Alexander von, 'Wir müssen Provokateure bleiben' [R], *NZZ*, No. 85, 14.4.1989, 46.
211. Engler, Jürgen, 'Nicht im Reinen mit sich' [R], *Sonntag*, No. 51, 18.12.1988, 4.
212. Griebner, Angelika, 'Denken ist Pflicht' [R], *Junge Welt*, No. 294, 13.12.1988, 12.
213. Jarmatz, Klaus, 'Eine Schreibstrategie, die Interessenstreit und Sinnsuche in Gang setzt' [vgl. 172].
214. John, Hans-Rainer, [R], *Theater der Zeit*, 44 (1989) 8, 74.
215. Karsunke, Yaak, 'DDR-flüchtige Texte'[R], *FR*, No 205, 3.9.1988, ZB 4.
216. Klunker, Heinz, 'Morgenröte eines Übergangs' [R], *Deutsches Allgemeines Sonntagsblatt*, No. 35, 28.8.1988, 24.
217. Schachtsiek-Freitag, Norbert, 'Vermischte Schriften – ein Sammelsurium' [R], *Deutschland Archiv*, 22 (1989) 7, 814–15.
218. Wittstock, Uwe, 'Verheerende Folgen der Ernüchterung' [R], *FAZ*, No. 284, 6.12.1988, Literaturbeilage 3.

Zu *Bodenloser Satz* (1990)
219. Blomster, Wes, [R], *World Literature Today*, 65 (1991) 1, 112–13.
220. Bormann, Alexander von, '"Vaterland ohne Mutterboden"' [R], *Deutschland Archiv*, 24 (1991) 1, 92–5.
221. Brams, Stefan, 'Den Boden wegreißen' [R], *Unsere Zeit*, No. 21, 25.5.1990, 12.
222. Cramer, Sibylle, 'Bodenlos sächsisch: Volker Brauns Prosa und Gedichte' [R zu *Bodenloser Satz* und *Der Stoff zum Leben 1–3*], *Die Zeit*, No. 37, 7.9.1990, 76 [teilweise identisch mit 'Arkadien – Krieg der Landschaft' [R], *Basler Zeitung*, No. 91, 19.4.1990].
223. Denneler, Iris, 'Archaische Landschaft mit Losungen' [vgl. 163].
224. Dobzynski, C., [R der französischen Übersetzung], *Europe-Revue littéraire mensuelle*, 72 (1994) 779, 174–80.
225. Engler, Jürgen, 'Vaterland ohne Mutterboden' [R], *NDL*, 38 (1990) 11, 139–42.
226. Götze, Karl-Heinz, 'Das weit herausgehobene Ende einer langen Periode' [R], *FR*, No. 83, 7.4.1990, Literatur-Rundschau 35.
227. Grauert, Wilfried, 'Eine Liquidation (nicht nur) der DDR ante mortem: Zu Volker Brauns Prosatext *Bodenloser Satz*', *GR*, 67 (1992) 3, 119–25.
228. Gutschke, Irmtraud, 'Vaterland ohne Mutterboden' [R], *ND*, No. 22, 26./27.1.1990, 14.
229. Hartmann, Rainer, 'Mit dem Pathos der Empörung' [R zu *Bodenloser Satz* und *Der Stoff zum Leben 1–3*], *Kölner Stadt-Anzeiger*, No. 170, 24.7.1990, 13.

230. Hg, 'Die referentielle Masche' [R zu *Bodenloser Satz* und *Der Stoff zum Leben 1–3*], *NZZ*, No. 171, 27.7.1990, 31.

231. Howald, Stefan, 'Stoff zum Leben, trotz allem' [R zu *Bodenloser Satz* und *Der Stoff zum Leben 1–3*], *Tages-Anzeiger*, 8.6.1990.

232. Praschl, Peter, '"Landser des Plans"' [R], *Stern*, No. 26, 21.6.1990, 162.

233. Schmidt-Dengler, Wendelin, 'Kein Jubelredner' [R zu *Bodenloser Satz* und *Der Stoff zum Leben 1–3*], *Falter*, No. 38, 21.–27.9.1990.

234. Schuhmann, Klaus, 'Vom "geflügelten" zum "bodenlosen Satz"', in *DDR-Literatur '89 im Gespräch*, hg. v. Siegfried Rönisch (Berlin; Weimar, Aufbau, 1990), 193–9.

235. Shaw, Gisela, 'Kast resurrectus: Volker Braun's *Bodenloser Satz*', in *German Literature at a Time of Change 1989–1990: German Unity and German Identity in Literary Perspective*, ed. by Arthur Williams *et al.* (Bern; Berlin, Lang, 1991), 85–96.

236. Vormweg, Heinrich, 'Nach der Republikflucht der Utopien. Vielleicht der Anfang einer anderen Sprachfähigkeit' [R], *SZ*, No. 58, 10./11.3.1990, Feuilleton-Beilage XVI.

Zu *Wie es gekommen ist* und *Worauf es hinausläuft* (1989/1991)
237. Kachel, Thomas, 'Beschreibung des lange Unausgesprochenen' [R einer Lesung], *ND*, No. 295, 19.12.1991, 6.

Zu *Der Wendehals* (1993)
238. Funke, Christoph, 'Ideologie-Schnipsel' [R einer Lesung], *Der Tagesspiegel*, No. 14696, 4.10.1993, 13.

Zu *Wenigerdestonichts* (1994)
239. Meyer-Gosau, Frauke, 'Tarzan im Wendeland', *Die Woche*, No. 14, 30.3.1994, 24.

3.4. Zur Dramatik
3.4.1. Allgemein

240. Badia, Gilbert, 'Über Volker Brauns Dramatik', in *Die Literatur der DDR. 1976–1986* [vgl. 40], 347–54.

241. Brady, Philip, 'On Not Being Intimidated: Socialist Overhauling of a Classic', in *Goethe Revisited: A Collection of Essays*, ed. by Elizabeth M. Wilkinson (New York, Riverrun Press, 1983; London, John Calder, 1984 [=Publications of the Institute of Germanic Studies; 30]), 31–52.

242. Costabile, Carol Anne Theresa, 'Dramatic Provocations: Reform as Theme in Volker Braun's Dramatic Works' (Washington University, unpublished Ph.D. thesis, 1992).

243. Fabian, Hans J., 'Recent East German Drama', *World Literature Today*, 55 (1981) 4, 588–91.

244. Goltschnigg, Dietmar, 'Die "Dialektik der Revolution" in der Dramatik Heiner Müllers, Volker Brauns und Christoph Heins', *Germanica Wratislaviensia*, 99 (1993), 359–71.

245. G. St., 'Hamster im Rad' [R *Gesammelte Stücke* (Frankfurt, Suhrkamp, 1989)], *FAZ*, No. 300, 28.12.1989, 26.

246. Gugnin, Aleksandr, [R der *Stücke* (Berlin, Henschel, 1983)], *Sovremennaja chudozestvennaja literatura za rubezom*, (1986) 3, 29–33.
247. Hauswald, Wolfgang, 'Ein Rezept gibt es nicht: Leipziger Arbeit mit Autoren', *Sonntag*, No. 4, 22.1.1989, 3–6.
248. Hilton, Julian, 'Back to the Future – Volker Braun and the German Theatrical Tradition', in *A Radical Stage: Theatre in Germany in the 1970s and 1980s*, ed. and intro. by W. G. Sebald (Oxford, Berg, 1988), 124–44.
249. Klunker, Heinz, 'Prophet der Perestrojka. Übergangszeit, Übergangsgesellschaft, Übergangsdramatik', *Theater heute*, 29 (1988) 9, 38–40.
250. Köhn, Lothar, 'Drama aus Zitaten. Text-Montage bei Heiner Müller, Volker Braun und Botho Strauß', in *Drama der Gegenwart. Themen und Aspekte*, hg. v. Walter Hinck, Lothar Köhn und Walter Pape (Schwerte, Veröffentlichungen der Katholischen Akademie, 1988 [=Akademie-Vorträge; 26]), 27–49.
251. Linzer, Martin, [R *Stücke 2* (Berlin, Henschel, 1989)], *Theater der Zeit*, 45 (1990) 5, 77.
252. Martini, Rossella, 'Colloquio con Volker Braun, Tragedia e commedia nel teatro del socialismo', *Il Verri: Rivista di Letteratura*, (1990) 3–4, 206–14.
253. Reichel, Peter, 'Gesellschaftliche Praxis als Prüffeld. Zum 50. Geburtstag Volker Brauns am 7. Mai 1989', *Theater der Zeit*, 44 (1989) 5, 40–3.
254. Schuhmann, Klaus, [Nachwort zu *Stücke 2*], in [32], 223–43.
255. Schuhmann, Klaus, 'Der Stoff zum Leben – Beobachtungen zum Montageverfahren in den Texten Volker Brauns', in *Material zum Theater*, hg. v. Verband der Theaterschaffenden der DDR, No. 184, Berlin 1984, 36–41.
256. Schulze-Reimpell, Werner, 'Theater als Laboratorium der sozialen Phantasie – Heiner Müller, Volker Braun, Christoph Hein', in *Tendenzen des Gegenwartstheaters*, hg. v. Wilfried Floeck (Tübingen, Francke, 1988 [=Mainzer Forschungen zu Drama und Theater; 2]), 177–91.
257. Taylor, Robert David, 'The Theatre Underground: A Classical Revolutionary Organization (England)' (University of Kansas, unpublished Ph.D. thesis, 1989).
258. Timm, Hans-Jürgen, 'Geschichte als Erfahrungsraum. Zu Aspekten der Dramatik Volker Brauns', *WB*, 35 (1989) 9, 1506–30.

3.4.2. Einzelne Dramen
Zu *Tinka* (1975)

259. Dart, Jonathan Howard, 'The death of a provocateuse: some thoughts on Volker Braun's *Tinka*', *GDR Monitor*, No. 20 (1988/89), 65–79.
260. Kaufmann, Hans, 'Volker Brauns *Tinka*', in [103], 122–37. [zuerst 1976]

Zu *Hinze Kunze* (1967–1977)

261. Behrendt-Roden, Ursula, 'Experimente mit Hinze und Kunze' [AB], *Stadtblatt Münster*, 10 (1990) 6, 69.
262. Faschina, Andrea, 'Herr und Knecht' [AB], *Marabo*, (1990) 6, 76.
263. Frese, Hans Martin, 'Zweiter Aufguß' [AB], *Rheinische Post*, No. 109, 11.5.1990.

264. Jansen, Hans, 'Ein Herz und eine Seele' [AB], *Westdeutsche Allgemeine Zeitung*, No. 109, 11.5.1990.

265. Reinke, Klaus U., 'Neue Unbefangenheit' [AB], *Handelsblatt*, No. 91, 11./12.5.1990, 5.

266. Roßmann, Andreas, 'Chef und Chauffeur in der DDR' [AB], *FAZ*, No. 112, 15.5.1990, 38.

267. Schreiber, Ulrich, 'Das Unzugängliche als Erreichnis' [AB], *FR*, No. 126, 1.6.1990, 14.

268. Schulze-Reimpell, Werner, 'Protokoll einer Not' [AB], *Stuttgarter Zeitung*, No. 117, 22.5.1990, 24.

269. Schumann, Angela, '*Hinze und Kunze* im Depot: Lesung mit bewegten Bildern' [AB], *Ruhr Nachrichten*, No. 109, 11.5.1990.

270. Strasdat, Werner, 'Ein Autor als Opfer der Machtverhältnisse' [AB], *Westfälische Rundschau*, No. 109, 11.5.1990.

271. Tschapke, Reinhard, 'Sozialistischer Hirsch auf einer Dauerpirsch' [AB], *Die Welt*, No. 113, 16.5.1990, 28.

Zu *Simplex Deutsch* (1980)

272. Meyer, Ulrike, 'Die Großmutter und die Utopie des Verzichts. Heftige Diskussion zwischen Schülern und Volker Braun über sein Theaterstück *Simplex Deutsch*', *Der Tagesspiegel*, No. 13546, 15.4.1990, VIII.

273. Meyer, Ulrike, 'Volker Braun *Simplex Deutsch*', unter Mitarb. v. Henning Fülbier und Heinz Blumensath (Berlin, Pädagogisches Zentrum, 1992 [=Darstellendes Spiel, Deutsch Sekundarstufe II; Materialien zur Galerie der Autoren]).

274. Peuckert, Tom, 'Musterkoffer der Dramengeschichte. Das Theater am Stadtrad mit *Simplex Deutsch*' [AB], *Der Tagesspiegel*, No. 13537, 4.4.1990, 4.

275. Seibel, Wolfgang, *Die Formenwelt der Fertigteile. Künstlerische Montagetechnik und ihre Anwendung im Drama* (Würzburg, Königshausen & Neumann, 1988 [=Epistemata. Reihe Literaturwissenschaft; 32]), 228–59.

276. Wagner, Wolf H., 'Volker Brauns *Simplex Deutsch* in Kreuzberg' [AB], *ND*, No. 92, 20.4.1990, 4.

Zu *Schmitten* (1981)

277. Eichler, Rolf-Dieter, [AB], *National-Zeitung*, No. 29, 4.2.1987, 7.

278. Funke, Christoph, [AB], *Der Morgen*, No. 109, 9.5.1986, 4.

279. Lange, Sigrid, 'Volker Braun und der deutsche Hofmeister', in *Das zwanzigste Jahrhundert im Dialog mit dem Erbe*, hg. v. Klaus Krippendorf (Jena, Friedrich-Schiller-Universität, 1990), 78–86.

280. Mudrich, Heinz, 'Juttas messerscharfe Ideologik. Weiter aus Schwerin: *Schmitten* von Volker Braun' [AB], *Saarbrücker Zeitung*, No. 230, 4./5.10.1986.

281. Reitz, Klaus, 'Träume von Freiheit und Alpträume des Schreckens. Das Mecklenburgische Staatstheater Schwerin mit Volker Brauns *Schmitten* und Maxie Wanders *Guten Morgen, du Schöne*', *Mannheimer Morgen*, No. 131, 10.6.1987, 32.

282. Starke, Frank, [AB], *Die Weltbühne*, 41 (1986) 24, 753–5.

283. Stone, Michael, 'Schwerin rettet DDR-Festival. Volker Brauns *Schmitten* als einsamer Höhepunkt der Festspiele', *Die Presse*, No. 11676, 12.2.1987, 5.

284. Ullrich, Peter, 'Mecklenburgisches Staatstheater Schwerin: *Schmitten* von Volker Braun', *Theater der Zeit*, 41 (1986) 9, 46–7.

Zu *Dmitri* (1983)

285. *'Demetrius'   Friedrich Schiller und 'Dmitri' Volker Braun. Mecklenburgisches Staatstheater Schwerin 1984. Dokumentation*, hg. v. Martin Linzer, mit Beiträgen v. Volker Braun, Bärbel Jaksch u. Christoph Schroth (Schwerin, 1986 [=Theaterarbeit in der DDR; 10]).

286. Funke, Christoph, 'Über Theater schreiben', in *Kurz bevor der Vorhang fiel. Zum Theater der DDR*, hg. v. John L. Flood (Amsterdam; Atlanta, Rodopi, 1990 [=GDR Monitor Special Series; 7]), 25–31.

287. Kerndl, Rainer, 'Bühne und Realität. Einige Überlegungen und Bemerkungen über die Entwicklung des Dramas in der DDR', in *Kurz bevor der Vorhang fiel* [vgl. 286], 11–23.

288. Schnauß, C., 'Eine Beruhigung mehr' [AB], *Neue Zeit*, No. 218, 15.9.1986, 4.

289. Streller, Siegfried, 'Die Produktivität des Widerspruchs. Der falsche Demetrius in Schillers Fragment und in Volker Brauns *Dmitri*', in ders., *Wortweltbilder. Studien zur deutschen Literatur* (Berlin; Weimar, Aufbau, 1986), 272–89.

290. Teller, Jürgen, 'Die Zerstörung des schönen Scheins in zwei Versionen: Schillers *Demetrius* und Volker Brauns *Dmitri*', in *Friedrich Schiller. Angebot und Diskurs. Zugänge, Dichtung, Zeitgenossenschaft*, hg. v. Helmut Brandt (Berlin; Weimar, Aufbau, 1987), 347–57 {auch als Nachwort in [25]}.

291. Ullrich, Renate, 'Auf der Suche nach einer Lesart: Volker Brauns *Dmitri*', in *DDR-Literatur '84 im Gespräch*, hg. v. Siegfried Rönisch (Berlin; Weimar, Aufbau, 1985), 148–55.

292. Winter, Ilse, '*Dmitri* versus *Demetrius*: Zu Volker Brauns kritischer Adaption von Friedrich Schiller', *GQ*, 60 (1987) 1.2, 52–67.

Zu *Siegfried Frauenprotokolle Deutscher Furor* (1987)

293. Antosch, Georg, [BU], *Neue Zeit*, No. 298, 18.12.1986, 4.

294. Antosch, Georg, 'Nibelungen-Zyklus und *Übergangsgesellschaft*: Lesarten zu Werken Volker Brauns in Altenburg, Dresden und Leipzig' [AB], *Neue Zeit*, No. 277, 23.11.1988, 4.

295. Baschleben, Klaus, [BU], *National-Zeitung*, No. 89, 15.4.1987, 7.

296. Beckelmann, Jürgen, 'Demontage als stilistische Fuhrwerkerei' [BU], *FR*, No. 89, 15.4.1987, 17.

297. Beckelmann, Jürgen, 'Rüpelhaftes Kasperltheater' [BU], *General-Anzeiger*, No. 29565, 15.4.1987, 12.

298. Cwojdrak, Günther, 'Nibelungen daneben?' [BU], *Die Weltbühne*, 42 (1987) 15, 469–70.

299. Ebert, Gerhard, 'Die Nibelungensage in einer zeitgenössischen Sicht' [BU], *ND*, No. 5, 7.1.1987, 4.

300. Funke, Christoph, [BU], *Der Morgen*, No. 302, 23.12.1986, 5.

301. Hartmann, Rainer, 'Das Falsche trotzdem tun' [AB], *Kölner Stadt-Anzeiger*, No. 230, 2.10.1989, 8.
302. Henneke, Günther, 'Weltekel und Possenreisser' [AB], *NZZ*, No. 238, 14.10.1989, 49.
303. Höft, Matthias, 'Die Frauen auf den Trümmern' [BU], *Rheinischer Merkur/ Christ und Welt*, No. 52, 18.12.1986, 18.
304. Jansen, Hans, 'Siegfried im Tarzanfell' [AB], *Westdeutsche Allgemeine Zeitung*, No. 232, 4.10.1989.
305. Joschko, Dirk, 'Volker Brauns Nibelungendrama *Siegfried Frauenprotokolle Deutscher Furor* oder von der Verwandtschaft der Zeiten', in *'Waz sider da geschach'. American-German Studies on the Nibelungenlied*, ed. by Werner Wunderlich and Ulrich Müller (Göppingen, Kümmerle, 1992 [=Göppinger Arbeiten zur Germanistik; 564]), 197–215.
306. Klunker, Heinz, 'Die Not ist an der Frau' [BU], *Deutsches Allgemeines Sonntagsblatt*, No. 51, 21.12.1986, 26.
307. Klunker, Heinz, 'Die Nicht-Zukunft. Zwischenruf zu Volker Brauns neuen Nibelungen', *Deutsches Allgemeines Sonntagsblatt*, No. 4, 25.1.1987, 26.
308. Klunker, Heinz, 'Deutsche, Ungeheuer' [BU], *Theater heute*, 28 (1987) 4, 30–1.
309. Klunker, Heinz, 'Postmoderner Ausverkauf' [AB], *Theater heute*, 30 (1989) 11, 36–7.
310. Preußer, Gerhard, 'Mythenrecycling' [AB], *die tageszeitung*, No. 2928, 5.10.1989, 11.
311. Roßmann, Andreas, 'Mythentypen auf dem Comic-Strip' [AB], *FAZ*, No. 234, 9.10.1989, 35.
312. Schreiber, Ulrich, 'Germania Tod in Bonn' [AB], *FR*, No. 239, 14.10.1989, 8.
313. Schulze-Reimpell, Werner, 'Zwischen den Supermächten' [BU], *Stuttgarter Zeitung*, No. 296, 24.12.1986, 18 [gekürzt als 'Zwischen Ernst und Parodie', *Saarbrücker Zeitung*, No. 294, 19.12.1986, 5 und als 'Die neuen Nibelungen', *Kölner Stadt-Anzeiger*, No. 4, 6.1.1987, 9].
314. Schulze-Reimpell, Werner, 'Nicht wiedererkannt' [AB], *Stuttgarter Zeitung*, No. 236, 12.10.1989, 27.
315. Schumacher, Ernst, [BU], *Berliner Zeitung*, No. 84, 9.4.1987, 7.
316. Seyfarth, Ingrid, 'Siegfried Frauenprotokolle Deutscher Furor' [BU], *Sonntag*, No. 6, 8.2.1987, 6.
317. Staehle, Ulrich, 'Kampf und Krampf' [AB], *Stuttgarter Zeitung*, No. 38, 15.2.1990, 25.
318. Stephan, Erika, 'Spielerisches mit Diagnose' [AB], *Sonntag*, No. 37, 11.9.1988, 6.
319. Stone, Michael, 'Dem "Helden" Siegfried folgen die Trümmerfrauen' [BU], *Westfälische Rundschau*, No. 83, 8.4.1987.
320. Ullrich, Helmut, [BU], *Neue Zeit*, No. 85, 10.4.1987, 4.
321. Ullrich, Peter, 'Der Nibelungen Not' [BU], *Theater der Zeit*, 42 (1987) 2, 48–50.
322. Ullrich, Peter, 'SiegfriedderHeld und SiegfriedderClown' [AB], *Theater der Zeit*, 43 (1988) 7, 5.

323. Zimmermann, Christoph, 'Heimchen wird zur Iron Lady' [AB], *Die Welt*, No. 230, 3.10.1989, 26.

Zu *Transit Europa* (1987)
324. [anonym], '*Transit Europa* und *Lohndrücker*' [BU], *Unsere Zeit*, No. 42, 19.2.1988, 11.
325. Badia, Gilbert, [R], *Europe-Revue littéraire mensuelle*, 66 (1988) 709, 123–4.
326. Beckelmann, Jürgen, 'Müllers Triumph, Brauns Katastrophe' [BU], *General-Anzeiger*, No. 29812, 8.2.1988, 10 [identisch in *FR*, o.D., 7 und ähnlich in *Stuttgarter Zeitung*, No. 31, 8.2.1988, 11].
327. Beckelmann, Jürgen, 'Kebsgänge im sauren Kitsch' [AB], *Stuttgarter Zeitung*, No. 1, 2.1.1990, 12.
328. Busch, Frank, 'Die Lehrmeister' [AB], *SZ*, No. 97, 27.4.1988, 47.
329. Cwojdrak, Günther, '*Transit Europa* und *Lohndrücker*' [BU], *Die Weltbühne*, 43 (1988) 6, 181–3.
330. Ebert, Gerhard, 'Sinn des Theaterstücks kaum noch zu entziffern' [BU], *ND*, No. 29, 4.2.1988, 4.
331. Ebert, Gerhard, 'Sensible Erkundung eines spröden Theaterstücks' [AB], *ND*, No. 253, 26.10.1988, 4.
332. Ebert, Gerhard, 'Assoziationsreiches Spiel zwischen Ausweglosigkeit und Neubeginn' [AB], *ND*, No. 304, 28.12.1989, 4.
333. Eichler, Rolf-Dieter, [BU], *National-Zeitung*, No. 27, 2.2.1988, 7.
334. Funke, Christoph, [BU], *Der Morgen*, No. 29, 4.2.1988, 4.
335. Goldberg, Henryk, [BU], *Junge Welt*, No. 27, 2.2.1988, 5.
336. Gugnin, Aleksandr, [R der Henschel-Verlag-Ausgabe], *Sovremennaja chudozestvennaja literatura za rubezom*, Moskva, (1988) 1, 40–3.
337. Hartmann, Rainer, 'Hoffnung auf bessere Welt' [AB], *Kölner Stadt-Anzeiger*, No. 84, 11.4.1988, 24.
338. Jansen, Hans, 'Der Ausflug der Toten' [AB], *Westdeutsche Allgemeine Zeitung*, No. 84, 11.4.1988.
339. jbe, 'Zwischen Sensation und Katastrophe' [BU], *Kölner Stadt-Anzeiger*, No. 35, 11.2.1988, 13.
340. Kaiser, Christoph, 'Volker Brauns *Transit Europa* – ein zweiter Versuch in Ost-Berlin' [AB], *Ruhr Nachrichten*, No. 302, 28.12.1989.
341. Kanthak, Dietmar, 'Fast ein Bein ausgerissen' [AB], *General-Anzeiger*, No. 29864, 11.4.1988, 12 [gekürzt als: 'Leben im Übergang – eine Groteske', *Der Tagesspiegel*, No. 12935, 14.4.1988, 5].
342. Mommert, Wilfried, '"Ohrfeige" für den Regisseur. Zur Absetzung des Volker-Braun-Stücks in Ost-Berlin', *Westfälische Rundschau*, No. 34, 10.2.1988.
343. mw, '"Die Welt ist ein Fragment, ich muss auf Montage"' [AB], *NZZ*, No. 86, 15.4.1988, 33.
344. Reichel, Peter, '"Infolge einer Verwechslung des Ortes, der Umstände oder der Zeit". Zu Volker Brauns Stück *Transit Europa*', *Theater der Zeit*, 43 (1988) 1, 57–9.
345. Richard, Christine, 'Die Grenzen des Wachstums' [AB], *Badische Zeitung*, No. 86, 14.4.1988, 6.

346. Romero, Christiane Zehl, 'Seghersmaterial in Heiner Müller und Volker Braun', in *Studies in GDR Culture and Society 9*, ed. by Margy Gerber *et al.* (Lanham; London, University Press of America, 1989), 57–83.

347. Roßmann, Andreas, 'Der Ausflug der Toten' [AB], *FAZ*, No. 92, 20.4.1988, 31.

348. Schader, Ingeborg, 'Nach dem Durchfall in Ostberlin nun ein Erfolg' [AB], *Westfälische Rundschau*, No. 84, 11.4.1988.

349. Schmidt, Hannes, 'Die Einsamkeit der Emigranten' [AB], *Kieler Nachrichten*, No. 100, 29.4.1988, 30.

350. Schmidt-Mühlisch, Lothar, 'Ein rettender Strand ist nicht in Sicht' [AB], *Die Welt*, No. 84, 11.4.1988, 18.

351. Schreiber, Ulrich, 'Gelungener Grenzübergang' [AB], *FR*, No. 85, 12.4.1988, 8 [identisch in *Allgemeine Jüdische Wochenzeitung*, No. 43, 29.4.1988, 17].

352. Schreiber, Ulrich, 'Auftrieb am Rhein' [AB], *Handelsblatt*, No. 73, 15./16.4.1988, 7.

353. Schulze-Reimpell, Werner, 'Der Ausflug der Toten nach Bonn' [AB], *Stuttgarter Zeitung*, No. 86, 14.4.1988, 26 [ähnlich als 'Mit dem Rücken zur Wand', *Rheinischer Merkur/ Christ und Welt*, No. 16, 15.4.1988, 18].

354. Schumacher, Ernst, [BU], *Berliner Zeitung*, No. 28, 3.2.1988, 7.

355. Staehle, Ulrich, 'Aufbruch zu fremden Ufern' [AB], *Stuttgarter Zeitung*, No. 131, 9.6.1992, 12.

356. Stone, Michael, 'Lohndrücker und Flüchtling' [BU], *Der Tagesspiegel*, No. 12876, 3.2.1988, 4 [identisch in *Die Presse*, No. 11971, 5.2.1988, 5 und ähnlich als 'Volker Brauns Stück schrecklich langweilig', *Westfälische Rundschau*, No. 27, 2.2.1988 sowie 'Maurer und Emigranten', *Rheinische Post*, No. 32, 8.2.1988].

357. Stone, Michael, 'Flüchtlinge im Wartestand' [AB], *Saarbrücker Zeitung*, No. 300, 28.12.1989, 12 [identisch in *Der Tagesspiegel*, No. 13457, 30.12.1989, 4].

358. Sütterlin, Sabine, 'Docktors Fach ist die Haut' [AB], *Die Weltwoche*, No. 16, 21.4.1988, 65.

359. S.W., 'Der tote Kamerad' [BU], *FAZ*, No. 33, 9.2.1988, 27.

360. Thomalla, Ariane, 'Transit als Metapher unserer Zeit', *General-Anzeiger*, No. 29862, 8.4.1988, 11.

361. Trauth, Volker, 'Ein Leben im Übergang' [BU], *Sonntag*, No. 5, 4.2.1990, 4.

362. Ullrich, Helmut, [BU], *Neue Zeit*, No. 27, 2.2.1988, 4.

363. Ullrich, Peter, 'Grenzüberschreitungen' [BU], *Theater der Zeit*, 43 (1988) 12, 30–2.

364. Ullrich, Peter, 'Der Wahnsinn unserer transitären Existenz' [AB], *Theater der Zeit*, 45 (1990) 3, 45–6.

365. Wenderoth, Horst, 'Transit in die Vergangenheit' [AB], *NZZ*, No. 39, 18.2.1988.

366. Wenderoth, Horst, 'Das Recht auf Gedächtnis' [AB], *NZZ*, No. 2, 5.1.1990, 33.

Zu *Lenins Tod* (1970, uraufgeführt 1988)

367. Beckelmann, Jürgen, 'Mystische Hochzeit zwischen Genie und Masse' [BU], *SZ*, No. 230, 5.10.1988, 42 [ähnlich als 'In schwarzen Hosen', *Stuttgarter Zeitung*, No. 245, 21.10.1988, 29].

368. dlw, 'Ein Stück ohne Körper' [AB], *NZZ*, No. 125, 3.6.1989, 53.

369. Ebert, Gerhard, 'Eine Aufgabe für Giganten, die von Menschen gelöst werden mußte' [BU], *ND*, No. 235, 4.10.1988, 6.

370. Eichler, Rolf-Dieter, [BU], *National-Zeitung*, No. 235, 4.10.1988, 7.

371. Funke, Christoph, [BU], *Der Morgen*, No. 234, 3.10.1988, 6.

372. Merschmeier, Michael, 'Volker Braun *Lenins Tod*', *Theater heute*, 29 (1988) 9, 41.

373. Mudrich, Heinz, 'Stalin, aus der Regie-Loge gesehen' [Hauptproben-Besuch], *Saarbrücker Zeitung*, No. 228, 30.9.1988.

374. Nöldechen, Peter, 'Staubtrockene Theater-Lektion über den Stalinismus' [BU], *Westfälische Rundschau*, No. 232, 4.10.1988.

375. Plath, André, [BU], *Junge Welt*, No. 232, 30.9.1988, 5.

376. Schmidt, Dietmar N., 'Hier kämpfen politische Tendenzen' [BU], *FR*, No. 232, 5.10.1988, 16.

377. Schumacher, Ernst, 'Ein poetisches Bild der Widersprüche' [BU], *Berliner Zeitung*, No. 235, 4.10.1988, 6.

378. Seyfarth, Ingrid, 'Das Prinzip Lenin'[BU], *Sonntag*, No.43,23.10.1988,7.

379. Stone, Michael, 'Machtkampf im Kreml' [BU], *Rheinische Post*, No. 229, 1.10.1988 [identisch in *Saarbrücker Zeitung*, No. 231, 4.10.1988, 8 und *Der Tagesspiegel*, No. 13082, 6.10.1988, 4 sowie ähnlich als 'Wüterich Stalin', *Rheinischer Merkur/ Christ und Welt*, No. 41, 7.10.1988, 18].

380. Ullrich, Peter, 'Lenins Tod' [BU], *Theater der Zeit*, 43 (1988) 12, 32–4.

381. Wenderoth, Horst, 'Die Notwendigkeit einer Wende erkennen' [BU], *NZZ*, No. 239, 14.10.1988, 46.

382. Wirsing, Sibylle, 'Danton aus Biskuit'[BU], *FAZ*, No. 29, 1.10.1988, 29.

Zu *Die Übergangsgesellschaft* (1988)

383. Antosch, Georg, 'Nibelungen-Zyklus und . . .' [vgl. 294].

384. Beckelmann, Jürgen, 'Grenzüberschreitungen gewünscht' [AB], *FR*, No. 83, 9.4.1988, 8 [ähnlich als 'Frisch inszeniert – und nichts passiert', *Stuttgarter Zeitung*, No. 84, 12.4.1988, 19 und gekürzt als 'Theater nach Tschechow', *Kieler Nachrichten*, No. 80, 6.4.1988 und 'Am Ende brennt die alte Villa nieder', *Kölner Stadt-Anzeiger*, No. 84, 11.4.1988, 24].

385. Beckelmann, Jürgen, 'Arznei nach Tschechows Rezept' [AB], *SZ*, No. 86, 14.4.1988, 38.

386. Berndt, Hans, 'Traum vom Flug' [BU], *Handelsblatt*, No. 83, 30.4.1987, 55.

387. Brandt, Ellen, 'Wohnungsnot und blaue Pferde' [AB], *Deutsches Allgemeines Sonntagsblatt*, No. 29, 17.7.1988, 19.

388. Buchholz, Hartmut, 'Szenisches Laboratorium' [AB], *Badische Zeitung*, No. 124, 1./2.6.1991.

389. Cwojdrak, Günther, 'Übergangstheater?' [AB], *Die Weltbühne*, 43 (1988) 15, 472–4.

390. Domdey, Horst, 'Die Tragödie des Terrors', *Theater 1991. Das Jahrbuch der Zeitschrift Theater heute*, 104.

391. Ebert, Gerhard, 'Aus synthetischen Hüllen gepellt: Tschechows *Drei Schwestern*' [AB], *ND*, No. 83, 8.4.1988, 4.

392. Eichler, Rolf-Dieter, [AB], *National-Zeitung*, No. 80, 5.4.1988, 7.

393. Fischer, Ulrich, 'Projekt vollendet' [BU], *FR*, No. 118, 22.5.1987, 8 [gekürzt als 'Einfach mal losfliegen und landen', *Südkurier*, No. 96, 27.4.1987, 2].

394. Freitag, Wolfgang, '"Brüder, zum Posten empor!"' [AB], *Die Presse*, No. 12371, 3./4.6.1989, 11.

395. Funke, Christoph, [AB], *Der Morgen*, No. 81, 6.4.1988, 4.

396. Geleng, Ingvelde, 'Entführung in eine Wunschwelt' [AB], *Der Tagesspiegel*, No. 13185, 5.2.1989, 5.

397. Gersch, Wolfgang, [AB], *Tribüne*, No. 67, 6.4.1988, 4.

398. Göpfert, Peter Hans, 'Die Wollust, offen zu reden' [AB], *General-Anzeiger*, No. 29859, 5.4.1988, 12.

399. Goldberg, Henryk, [AB], *Junge Welt*, No. 78, 2./3.4.1988, 5.

400. Grack, Günther, 'Sehnsucht nach Veränderung' [AB], *Der Tagesspiegel*, No. 13263, 12.5.1989, 4.

401. Hartmann, Rainer, 'Eine Komödie der Unzufriedenheit' [AB], *Kölner Stadt-Anzeiger*, No. 120, 25.5.1988, 33.

402. Hensel, Georg, 'Die drei Schwestern in der DDR' [BU], *FAZ*, No. 97, 27.4.1987, 27.

403. 'Inszenierungen im Gespräch: Drei Schwestern heute.' [Vier Meinungsäußerungen zur Inszenierung von *Die Übergangsgesellschaft*], *Theater der Zeit*, 43 (1988) 8, 14–16.

404. Jansen, Hans, 'Flugträume der Hoffnung' [AB], *Westdeutsche Allgemeine Zeitung*, No. 119, 24.5.1988.

405. Kaiser, Christoph, 'Braun in Ostberlin: Deutliche Kritik an der DDR' [AB], *Ruhr Nachrichten*, No. 78, Ostern 1988.

406. Kampe, Leonore, 'Das Leben, kein Traum' [AB], *die tageszeitung*, No. 2524, 4.6.1988, 20.

407. Klunker, Heinz, 'Die Metapher Moskau' [AB], *FR*, No. 302, 28.12.1988, 9.

408. Klunker, Heinz, 'Am Ende kein Tapetenwechsel, ein Tapetensturz!' [AB], *Theater heute*, 30 (1989) 4, 46.

409. Krebs, Dieter, [AB], *Berliner Zeitung*, No. 82, 7.4.1988, 7.

410. Menge, Marlies, 'Ende des Schweigens' [AB], *Die Zeit*, No. 18, 28.4.1989, 56.

411. Meyer, Ulrike, 'Seifenblase aus der Psychokiste' [BU], *General-Anzeiger*, No. 29575, 29.4.1987, 15.

412. Michaelis, Rolf, 'Tote Zukunft' [BU], *Die Zeit*, No. 19, 1.5.1987, 52.

413. Nachtmann, Ralf, 'Über die Grenzen – In ein unbekanntes Land' [AB], *Theater der Zeit*, 45 (1990) 2, 18–20.

414. Ohland, Angelika, 'Flug durch ein brennendes Haus' [AB], *Deutsches Allgemeines Sonntagsblatt*, No. 4, 24.1.1988, 18.

415. Pietzsch, Ingeborg, 'Versuch zu fliegen' [AB], *Theater der Zeit*, 43 (1988) 5, 57–8.

416. Pietzsch, Ingeborg, 'Überraschungen' [AB], *Theater der Zeit*, 44 (1989) 8, 15–16.

417. Schaumann, Gerhard, 'Drei Schwestern in der Übergangsgesellschaft: zu Volker Brauns Komödienkonzeption', *Wortwechsel. Studien zur DDR-Literatur. Wissenschaftliche Zeitschrift, Brandenburgische Landeshochschule (Potsdam)*, 34 (1990) 3, 187–91.

418. Schmidt, Katrin, 'Die Übergangsgesellschaft von Volker Braun: zur Arbeit eines dramatischen Textes im gesellschaftlichen Diskurs', *Wortwechsel* [vgl. 417], 193–8.

419. Schmidt-Missner, Jürgen, 'Sehnsucht nach Ausbruch, Befreiung und Erlösung' [BU], *Kieler Nachrichten*, No. 100, 30.4.1987, 25 [ähnlich als 'Die Revolution der Menschenliebe', *Badische Zeitung*, No. 104, 7.5.1987, 8, und 'Einen Umsturz herbeigesehnt', *Stuttgarter Zeitung*, No. 104, 7.5.1987, 28, und gekürzt als 'Fanfare', *Deutsches Allgemeines Sonntagsblatt*, No. 18, 3.5.1987, 25].

420. Schulze-Reimpell, Werner, 'Drei Schwestern kommen in die DDR' [BU], *Rheinischer Merkur/ Christ und Welt*, No. 18, 1.5.1987, 16.

421. Seyfarth, Ingrid, '. . . wenn man sich seine Träume erzählt' [AB], *Sonntag*, No. 14, 2.4.1989, 6.

422. Shafer, Yvonne, [AB], *Theatre Journal*, 42 (1990) 3, 381–2.

423. Spielvogel, Wolfgang, 'Soziale Phantasie, die eignen Grenzen überschreitend' [AB], *Deutsche Volkszeitung/ die tat*, No. 23, 10.6.1988, 9–10.

424. Spiess, Christine, 'Tschechows Schwestern in der DDR' [BU], *die tageszeitung*, No. 2195, 29.4.1987, 18.

425. Stephan, Erika, 'Die Übergangsgesellschaft. Komödie von Volker Braun', in *DDR-Literatur '88 im Gespräch*, hg. v. Siegfried Rönisch (Berlin; Weimar, Aufbau, 1989), 166–78.

426. Stone, Michael, '". . . über die Grenzen gehen"' [AB], *Der Tagesspiegel*, No. 12926, 1.4.1988, 4 [identisch als 'Stück ist dem Publikum aus der Seele gesprochen', *Westfälische Rundschau*, No. 78, 2.4.1988, '"Ich will über die Grenzen gehen"', *Rheinische Post*, No. 80, 6.4.1988 und 'Über die Grenze gehen . . .', *Saarbrücker Zeitung*, No. 81, 7.4.1988, 11].

427. Sucher, C. Bernd, 'Wir sind keine Trottel mehr. Ein Gespräch mit Thomas Langhoff' [zur Maxim-Gorki-Theater-Inszenierung], *SZ*, No. 244, 21.10.1988, 47.

428. Ulischberger, Emil, 'Bohrende Frage nach Erfüllung des Lebens' [AB], *National-Zeitung*, No. 255, 28.10.1988, 7.

429. Ullrich, Helmut, [AB], *Neue Zeit*, No. 80, 5.4.1988, 4.

430. Vaßen, Florian, 'Vom Fliegen ins "innerste Afrika". Volker Brauns Komödie *Die Übergangsgesellschaft* – Stillstand und Grenzüberschreitung', in *Deutsches Drama der 80er Jahre*, hg. v. Richard Weber (Frankfurt/M, Suhrkamp, 1992 [=stm 2114]), 87–106.

431. Wenderoth, Horst, 'Viele Halteplätze zwischen Himmel und Hölle' [AB], *NZZ*, No. 113, 18.5.1988, 41.

432. Wirsing, Sibylle, 'Heimatstück und Vaterdrama' [AB], *FAZ*, No. 90, 18.4.1988, 29.

433. Zerull, Ludwig, 'Drei Schwestern von gestern und heute' [BU], *Theater heute*, 28 (1987) 6, 21.

434. Ziermann, Horst, 'Was aus den drei Schwestern wurde' [BU], *Die Welt*, No. 97, 27.4.1987, 21.

Zu *Böhmen am Meer* (1992)

435. Beckelmann, Jürgen, 'Die Katastrophe ist der Lichtblick' [BU], *Stuttgarter Zeitung*, No. 62, 14.3.1992, 37.

436. chris, 'Bonmots und wenig Drama' [BU], *Ruhr-Nachrichten*, No. 61, 12.3.1992.

437. Ebert, Gerhard, 'Die ganze beschissene Welt auf dem Buckel' [BU], *ND*, No. 61, 12.3.1992, 6.

438. Grack, Günther, 'Stammtisch vor dem Weltende' [BU], *Der Tagesspiegel*, No. 14140, 12.3.1992, 17.

439. Gwalter, Maja E., 'Einsturz des Bühnenhimmels' [BU], *NZZ*, No. 60, 13.3.1992, 45.

440. Haug, Wolfgang Fritz, 'Endspiele des Postkommunismus?' [BU], *Freitag*, No. 13, 20.3.1992, 9–10.

441. Heyden, Susanne, 'Freiheits-Fäule an der Kloake' [BU], *Rheinische Post*, No. 61, 12.3.1992.

442. Hochhuth, Rolf, 'Verölte Gegenwart'[BU], *Die Welt*,No.61,12.3.1992,21.

443. Höynck, Rainer, 'Unfaßbare Wahrheit' [BU], *Handelsblatt*, No. 52, 14.3.1992, 10.

444. Pietzsch, Ingeborg, 'Nichts zählt oder Die Mühen der Verständigung' [BU], *Deutsches Allgemeines Sonntagsblatt*, No. 12, 20.3.1992, 23.

445. Schaper, Rüdiger, 'Die eine Welt und die andere' [BU], *SZ*, No. 60, 12.3.1992, 17.

446. Scheffel, Meike, 'Pappkameraden, Spiegelfechter' [BU], *Rheinischer Merkur*, No. 11, 13.3.1992, 13.

447. Schumacher, Ernst, 'Von der Übergangs- zur Untergangsgesellschaft' [BU], *Berliner Zeitung*, No. 61, 12.3.1992, 19.

448. Seifert, Sabine, 'Böhmen, auf Sand gebaut' [BU], *die tageszeitung*, No. 3655, 13.3.1992, 17.

449. Stadelmaier, Gerhard, 'Thesengebell' [BU], *FAZ*, No. 61, 12.3.1992, 33.

450. Stone, Michael, 'Wieviel Geschichte verträgt der Mensch am Tag?' [BU], *Westfälische Rundschau*, No. 61, 12.3.1992 [identisch in *Die Presse*, No. 13208, 13.3.1992, 10].

451. Vormweg, Heinrich, 'Das Elend im Rücken, hoffnungslos. Versuche des Volker Braun, seine Identität zu wahren' [R zu *Böhmen am Meer*, *Iphigenie in Freiheit* und *Die Zickzackbrücke*], *SZ*, No. 205, 5./6.9.1992, 152.

452. Wiegenstein, Roland H., 'Gewellte Pappe'[BU], *FR*, No.61, 12.3.1992,8.

453. Wille, Franz, 'Heimatdrama als Mordmaschine' [BU], *Theater heute*, 33 (1992) 4, 37–9.

Zu *Iphigenie in Freiheit* (1992)

454. Berke, Bernd, 'Abendland endet auf dem Herrenklo' [AB], *Westfälische Rundschau*, No. 120, 25.5.1993.

455. Böttiger, Helmut, 'Gebrochen, zerstückelt, versandet' [R zu *Die Zickzackbrücke* und *Iphigenie in Freiheit*], *FR*, No. 183, 8.8.1992, ZB 4.

456. Bumann, Ulrich, 'Volker Brauns Iphigenie in der Konsumschlacht' [BU], *Die Welt*, No. 296, 19.12.1992, 10.

457. Diehl, Siegfried, 'Volk und Volker. Brauns *Iphigenie in Freiheit* in Frankfurt uraufgeführt', *FAZ*, No. 295, 19.12.1992, 25.

458. Franke, Eckhard, 'Alles wird zerredet, alles wird zerschwatzt' [BU], *Saarbrücker Zeitung*, No. 299, 23.12.1992, 12 [ebenso unter dem Titel 'Die schwatzende Republik', *Stuttgarter Zeitung*, No. 298, 24.12.1992, 9].
459. Franke, Eckhard, 'Freiheit für das Freiwild' [BU], *Badische Zeitung*, No. 299, 28.12.1992, 14 [identisch mit 'Der Text spreizt sich vielfach ins Vulgäre', *Rheinische Post*, No. 11, 14.1.1993].
460. Funke, Christoph, 'Last der Geschichte' [AB], *Der Tagesspiegel*, No. 14420, 24.12.1992, 18.
461. Funke, Christoph, 'Hohlraum zwischen zwei Masken. Versuch Nr. 3: Justus Carrière spielt Brauns *Iphigenie in Freiheit*' [AB], *Der Tagesspiegel*, No. 14437, 13.1.1993, 17.
462. Grauert, Wilfried, 'Furor melancholicus auf wüstem Planum; oder, Abschied von der Präzeptorrolle: Zu Volker Brauns szenischem Text *Iphigenie in Freiheit*', *GQ*, 67 (1994) 1, 86–112.
463. Jarmatz, Klaus, 'Ideale ohne Namen' [R zu *Iphigenie in Freiheit* und *Die Zickzackbrücke*], *ND*, No. 105, 7.–10.5.1992, 1.
464. Klunker, Heinz, 'Requiem für die Besiegten' [AB], *Deutsches Allgemeines Sonntagsblatt*, No. 52, 25.12.1992, 26.
465. Michaelis, Rolf, '"Dein Wort in Goethes Ohr!"' [R], *Die Zeit*, No. 16, 10.4.1992, Literaturbeilage 6.
466. P.I., 'Stuß' [BU], *FR*, No. 295, 19.12.1992, 8.
467. Pfützer, Klaus, 'Ermunterung zu widerständigem Denken' [AB], *ND*, No. 299, 23.12.1992, 10.
468. Platzeck, Wolfgang, 'Die Welt ein Schlachthof' [AB], *Westdeutsche Allgemeine Zeitung*, No. 120, 25.5.1993.
469. Rheinländer, Jörg, 'Von der Arbeit der Widersprüche. Ein Gespräch mit Volker Braun', *FR*, No. 293, 17.12.1992, 28.
470. Rünger, Berthold, 'Abdankende Väter' [AB], *die tageszeitung*, No. 3895, 29.12.1992, 14.
471. V.A., 'Mißlungenes Pamphlet' [AB], *SZ*, No. 299, 29.12.1992, 9.
472. Visser, Anthonya, '"Und so wie es bleibt ist es". Volker Brauns *Iphigenie in Freiheit*: eine Dekonstruktion des deutschen Einigungsprozesses?', in *Literatur und politische Aktualität* [vgl. 143], 131–54.
473. Vormweg, Heinrich, 'Das Elend im Rücken, hoffnungslos' [vgl. 451].
474. Wille, Franz, 'Zeitgeistshows: Sinn oder Stuß? Volker Brauns *Iphigenie in Freiheit* in Frankfurt und Cottbus' [AB], *Theater heute*, 34 (1993) 2, 16–17.
475. Zimmermann, Stephan, 'Dürftig bekleidete Gedanken' [BU], *NZZ*, No. 295, 19.12.1992, 33.

Zu *Die Verstellung* (1993)
476. Berndt, Hans, 'Komödie mit Biß' [BU], *Handelsblatt*, No. 64, 31.3.1994, 94.
477. Krug, Hartmut, 'Lauter falsche Bärte' [BU], *Der Tagesspiegel*, No. 14860, 29.3.1994, 16.
478. Michaelis, Rolf, 'Lessing, Mord, Wolfenbüttel' [BU], *Die Zeit*, 1.4.1994, 49.
479. Zerull, Ludwig, 'Deutschland, Lessing und die Juden – ein Ereignis, ein Ärgernis' [BU], *Theater heute*, 35 (1994) 6, 52–3.

3.5. Zur Lyrik

3.5.1. Allgemein

480. Berendse, Gerrit-Jan, *Die 'Sächsische Dichterschule'. Lyrik in der DDR der sechziger und siebziger Jahre* (Frankfurt/M; Bern; New York, Lang, 1990 [=Bochumer Schriften zur deutschen Literatur; 14]), 217–46.

481. Berendse, Gerrit-Jan, 'Fünfundzwanzig Jahre politische Poesie von Volker Braun. Von einem heftigen Experimentator, der immer neue Wege sucht', *Wirkendes Wort*, 41 (1991) 3, 425–35.

482. Berendse, Gerrit-Jan, 'Zu neuen Ufern: Lyrik der "Sächsischen Dichterschule" im Spiegel der Elbe', in *Studies in GDR Culture and Society 10*, ed. by Margy Gerber *et al.* (Lanham; New York; London, University Press of America, 1991), 197–212.

483. Bormann, Alexander von, '"Worte – sie sind nicht mein". Zur Intertextualität in der DDR-Lyrik der achtziger Jahre', in *Lyrik – Erlebnis und Kritik. Gedichte und Aufsätze des 3. und 4. Lyrikertreffens in Münster*, hg. v. Lothar Jordan, Axel Marquardt und Winfried Woesler (Frankfurt/M, Fischer, 1988 [= Collection S. Fischer: 59; Fischer-TB: 2359]), 141–68.

484. Chiarloni, Anna, 'Zwischen gestern und morgen. DDR-Gedichte aus der Zeit des Mauerfalls', in *Studies in GDR Culture and Society 11/12: The End of the GDR and the Problems of Integration*, ed. by Margy Gerber and Roger Woods (Lanham, New York, London, University Press of America, 1993), 87–109.

485. Cosentino, Christine, '"Ich bin kein artist": Volker Braun und Sascha Anderson zur Position des Dichters in der DDR', *GN*, 17 (1986) 1, 2–4.

486. Emmerich, Wolfgang, 'Von der "durchgearbeiteten Landschaft" zur *nature morte*. Alte und neue Landschaftslyrik von Volker Braun, Wulf Kristen und anderen', *Literatur für Leser*, 13 (1990) 2, 69–83.

487. Emmerich, Wolfgang, 'solidare – solitaire. Volker Braun: Drei Gedichte', in *Verrat an der Kunst?* [vgl. 157], 195–205.

488. Geist, Peter, 'Die Metapher in der poetologischen Reflexion und Dichtungspraxis von DDR-Lyrikern in den siebziger und achtziger Jahren – Eine Problemskizze', in *DDR-Lyrik im Kontext*, hg. v. Christine Cosentino, Wolfgang Ertl und Gerd Labroisse (Amsterdam; Atlanta, Rodopi, 1988 [=Amsterdamer Beiträge zur Neueren Germanistik; 26]), 61–87.

489. Goodbody, Axel, 'The romantic landscape in recent GDR poetry: Wulf Kirsten and Volker Braun', in *Neue Ansichten: The Reception of Romanticism in the Literature of the GDR*, ed. by Howard Gaskill *et al.* (Amsterdam; Atlanta, Rodopi, 1990 [=GDR Monitor; special series; 6]), 191–211.

490. Heukenkamp, Ursula, 'Der Fehler war es, der uns reut. Über die Selbsttäuschungen einer "vermittelnden" Literaturwissenschaft', in *DDR-Literatur '89 im Gespräch*, hg. v. Siegfried Rönisch (Berlin; Weimar, Aufbau, 1990), 8–20.

491. Jacquemoth, Jos, *Politik und Poesie: Untersuchungen zur Lyrik Volker Brauns* (Berlin, Schmengler, 1990) [vgl. 3].

492. Kolbe, Uwe, 'Der größte Anspruch. Über ein paar Zeilen von Volker Braun', *Neue Rundschau*, 101 (1990) 4, 46–52.

493. Labroisse, Gerd und Marie-Hélène Palmen, 'Möglichkeiten und Grenzen der Computer-Stützung für die Interpretation von Gedichten Volker Brauns', in *Germanistik und Deutschunterricht im Zeitalter der Technologie: Selbstbestimmung und Anpassung. Vorträge des Germanistentages,
Berlin 1987*, hg. v. Norbert Oellers (Tübingen, Niemeyer, 1988 [Bd. 4:
Neue Technologien und Medien in Germanistik und Deutschunter-
richt]), 29–34.
494. Leistner, Bernd, 'Braun oder Die Verteidigung der Utopie', *Euterpe.
Jahrbuch für Literatur in Schleswig-Holstein*. 7 (1989), 12–24 [auch in *Lyri-
kertreffen Münster. Gedichte und Aufsätze. 1987 – 1989 – 1991*, hg. v.
Lothar Jordan und Winfried Woesler (Bielefeld, Aisthesis Verlag, 1993),
365–77].
495. Müller-Waldeck, Gunnar, '*Der Baukunst langer Unbau': zum Mauer-
Gedicht von Volker Braun* (Vaasa, Institut für Deutsche Sprache und
Literatur, 1993 [=Saxa; 13]).
496. Pergande, Ingrid, '"Volker Braun? – da kann ich nur sagen, der Junge
quält sich . . ." New voices in the GDR lyric of the 1980s', in *Socialism
and the Literary Imagination: Essays on East German Writers*, ed. by
Martin Kane (New York, Berg, 1991), 229–46.
497. Richter, Helmut, 'Erbe in der Gegenwart: Aufhebungen Goethes in
der Lyrik Volker Brauns', *Deutsch als Fremdsprache: Zeitschrift für Theorie
und Praxis des Deutschunterrichts für Ausländer*, Sonderheft (1982), 12–22.
498. Schuhmann, Klaus, 'Landeskunde im Gedicht. Zeitwandel und Zeitwende in der Lyrik Volker Brauns', *ZfG*, 3 (1993) 1, 134–145 [auch als
'Landeskunde im Gedicht – Der Lyriker Volker Braun gibt Auskunft
über sein "Eigentum"', in *Literature, Culture and Ethnicity: Studies on
Medieval, Renaissance and Modern Literatures*, ed. by Mirko Jurak (Ljub-
ljana, Author, 1992), 213–22].
499. Schuhmann, Klaus, 'Lagebericht zur ökologischen Situation – Beobachtungen zur Lyrik der achtziger Jahre', in *DDR-Literatur '85 im Gespräch*, hg. v. Siegfried Rönisch (Berlin; Weimar, Aufbau, 1986), 23–43.
500. Subiotto, Arrigo, 'Die Entwicklung eines Dichters: zu Volker Brauns
neuester Lyrik', in *Ein Moment des erfahrenen Lebens. Zur Lyrik der DDR*,
hg. v. John L. Flood (Amsterdam; Atlanta, Rodopi, 1987 [=GDR Monitor Special Series; 5]), 140–61.
501. Wanzelius, Rainer, 'Der DDR-Autor Volker Braun bekennt sich zum
Leben in Widersprüchen', *Westfälische Rundschau*, No. 268, 17.11.1986.
502. Wolf, Gerhard, 'Die gebrochene Ode oder: Training des aufrechten
Gangs. Zur Lyrik Volker Brauns', in ders., *Wortlaut, Wortbruch, Wort-
lust. Dialog mit Dichtung, Aufsätze und Vorträge* (Leipzig, Reclam, 1988
[=Reclams Universal-Bibliothek; 1264]), 341–57. [zuerst 1979]

3.5.2. Einzelne Gedichte/ Gedichtgruppen/ Gedichtbände
Zu 'Lagebericht' (in *Wir und nicht sie*) (1970)
503. Kaufmann, Hans, 'Wie ist die Lage? Kritische Bemerkungen zu Volker Brauns "Lagebericht"', in [103]. [zuerst 1968]

Zu *Gegen die symmetrische Welt* (1974)
504. Hähnel, Ingrid, 'Politische Poesie als Vorgang zwischen Menschen. Volker Brauns Gedichtband *Gegen die symmetrische Welt'*, in *Werke und Wirkungen. DDR-Literatur in der Diskussion*, hg. v. Inge Münz-Koenen (Leipzig, Reclam, 1987 [=Reclams Universal-Bibliothek; 1207]), 214–55.
505. Matthauer, Wolfgang, [Holzschnitt zu 'Hingebung'], in *Berührungen*: Grafiken von Heidrun Hegewald u.a. zu Gedichten von Volker Braun u.a. (Halle; Leipzig, Mitteldeutscher Verlag, 1986 [Grafische Blätter zu zeitgenössischer Dichtung; 1]).
506. Prévost, Claude, 'Sozialismus, Widersprüche, Poesie. Eine Gedichtsammlung von Volker Braun: *Gegen die symmetrische Welt'*, *Passagen. Mannheimer Zeitschrift für Literatur und Kunst*, (1989) 4–6, 33–5. [zuerst 1978]

Zu 'Vom Besteigen hoher Berge' (aus *Training des aufrechten Gangs*) (1979)
507. Kubitschek, Peter, '"Wo wollen wir eigentlich hin.": Volker Brauns Gedicht "Vom Besteigen hoher Berge" im Literaturunterricht', *Deutschunterricht*, Berlin, 43 (1990) 2–3, 82–7.

Zu 'Material I: Wie herrlich leuchtet mir die Natur' (aus *Training des aufrechten Gangs*) (1979)
508. Heukenkamp, Ursula, 'Überantwortete Sinngebung. Volker Brauns "Material I: Wie herrlich leuchtet mir die Natur"', *ZfG*, 3 (1982) 2, 173–88.
509. Petersen, Annelise Ballegaard, 'Zitierte Fremdheit. Volker Brauns "Material I"', *Text & Kontext. Zeitschrift für germanistische Literaturforschung in Skandinavien*, 14 (1986) 2, 322–31.

Zu 'Material VIII: Der Eisenwagen' (1981)
510. Cosentino, Christine, '"Anonyme, eiserne Gestalt": Dialektik und Fortschritt in Volker Brauns "Der Eisenwagen"', *GN*, 19 (1988) 1–2, 6–8.
511. Quevedo, Nuria, *Grafische Blätter zu Volker Braun 'Der Eisenwagen'* (Halle; Leipzig, Mitteldeutscher Verlag, 1988 [=Grafische Blätter zu zeitgenössischer Dichtung; 2]).

Zu 'Das innerste Afrika' (1982)
512. Grauert, Wilfried, 'Diskurs-Abbruch und Neues Sprechen. Zu Volker Brauns Gedicht "Das innerste Afrika"', *WB*, 38 (1992) 4, 553–70.
513. Heukenkamp, Ursula, 'Metapher der Befreiung. Volker Braun, "Das innerste Afrika"', in *DDR-Literatur '87 im Gespräch*, hg. v. Siegfried Rönisch (Berlin; Weimar, Aufbau, 1988), 184–96.

Zu 'Material V: Burghammer' (1982–1983)
514. Engler, Jürgen, 'Mannschaftsraum Kopf: Volker Brauns Gedicht "Burghammer"', in *DDR-Literatur '83 im Gespräch*, hg. v. Siegfried Rönisch (Berlin; Weimar, Aufbau, 1984), 303–12.

Zu 'Siegfried 1984' (1984)
515. Jucker, Rolf, 'Vorwärts in die zivilisatorische Katastrophe. Zu Volker
     Brauns Gedicht "Siegfried 1984"', *ZfG*, 5 (1995) 1, 38–47.

Zu 'Tagtraum' (1986)
516. Grimm, Reinhold, 'Irrdisch ist und fahrlässig unsre Bahn.
     Hölderlin,
     Hegel, Brecht in Volker Brauns Gedicht "Tagtraum"', *Neue Rundschau*,
     101 (1990) 4, 29–45 [erweiterte englische Fassung: 'Experimenting with
     Tradition: Volker Braun's Poem "Tagtraum"', *GQ*, 63 (1990) 3–4,
     490–512; deutsche Fassung davon: 'Das Experiment mit der Tradition:
     Volker Brauns Gedicht "Tagtraum"', in *Spätmoderne und Postmoderne*,
     hg. v. Paul Michael Lützeler (Frankfurt/M, Fischer, 1991), 244–61].
517. Grimm, Reinhold, 'Im Fadenkreuz', *FAZ*, No. 6, 7.1.1989, Bilder und
     Zeiten [wieder abgedruckt in *Frankfurter Anthologie*, hg. v. Marcel
     Reich-Ranicki (Frankfurt/M, Insel, 1990 [Bd. 13]), 269–73].
518. Heukenkamp, Ursula, 'Das Zeichen ZUKUNFT', in *DDR-Lyrik im
     Kontext* [vgl. 488], 39–59.

Zu *Langsamer knirschender Morgen* (1987)
519. Behr, Eckhard, [R], *National-Zeitung*, No. 126, 30.5.1988, 7.
520. Bergner, Astrid, 'Sprüche, die den Kragen kosten' [R], *Die Neue Ärzt-
     liche*, 11./12.12.1987.
521. Claas, Herbert, 'Wenn ich Atem habe' [R], *Deutsche Volkszeitung/ die
     tat*, No. 41, 9.10.1987, 13–14.
522. Corino, Karl, 'Das fein Geplante ist doch zum Schrein' [R], *Stuttgarter
     Zeitung*, No. 204, 5.9.1987, 50.
523. Corino, Karl, 'Hiroschimas Schatten' [R], *Hannoversche Allgemeine
     Zeitung*, 31.10.1987.
524. Ecker, Hans-Peter, [R], *Passauer Pegasus*, 6 (1988) 12, 125–33.
525. Eggeling, Gerd, 'Morgen knirschend' [R], *Arbeiterkampf*, 7.3.1988.
526. Engler, Jürgen, 'Gemischter Chor' [R], *Sonntag*, No. 8, 21.2.1988, 4.
527. Faust, Siegmar, 'Weg von den Wurzeln'[R], *der literat*, 30 (1988) 3, 77.
528. Geist, Peter, Christel und Walfried Hartinger und Klaus Werner,
     'Unerhörte Nachrichten. Wilhelm Bartsch, *Übungen im Joch*, Uwe Kolbe,
     Bornholm II, Volker Braun, *Langsamer knirschender Morgen*', in *DDR-
     Literatur '87 im Gespräch*, hg. v. Siegfried Rönisch (Berlin; Weimar,
     Aufbau, 1988), 128–57.
529. Hartinger, Christel und Walfried, '"Der Lorbeer bloßen Wollens hat
     nie gegrünt . . .". Zu Volker Brauns Gedichtband *Langsamer knirschen-
     der Morgen*', in *DDR-Lyrik im Kontext* [vgl. 488], 223–36.
530. Heukenkamp, Ursula, 'Wechsel der Blickrichtung' [R], *NDL*, 36 (1988)
     2, 131–6.
531. Kraft, Martin, 'Zwischen Ideal und Wirklichkeit' [R], *Der Landbote*,
     No. 252, 31.10.1987.
532. Karsunke, Yaak, 'Rückzug ins Epigramm' [R], *FR*, No. 232, 7.10.1987,
     Literatur-Rundschau 9.
533. Matt, Beatrice von, 'Hinaus ins Offene'[R], *NZZ*, No. 10, 15.1.1988, 37.
534. Schoeller, Wilfried F., 'Die Bleibe, die ich suche, ist kein Staat' [R],
     SZ, No. 227, 3./4.10.1987, Feuilleton-Beilage XII.

535. Wallmann, Jürgen P., 'Die Utopie hinter der Bühne' [R], *Der Tages-spiegel*, No. 12794, 25.10.1987, XI [identisch mit '"Ich bleib im Lande."', *Deutschland Archiv*, 21 (1988) 1, 84–5, und 'Hanswurst hinter der Büh-ne', *Saarbrücker Zeitung*, No. 283, 5./6.12.1987, XI, gekürzt als 'Schrei-ben in Anführungsstrichen', *Mannheimer Morgen*, No. 271, 24.11.1987, 22].
536. wb, 'Buchpremiere mit Volker Braun'[in Halle], *BB*, No.212.1.1988, 31.
537. Wittstock, Uwe, 'Die Geschichte auf dem Abstellgleis' [R], *FAZ*, No. 284, 8.12.1987, Literatur-Beilage 2.
538. Württemberg, Peter, [R], *Junge Welt*, No. 297, 18.12.1987, 10.

Zu *Der Stoff zum Leben* (1990)
539. Bjorklund, Beth, [R zu *Der Stoff zum Leben 1–3*], *World Literature Today*, 65 (1991) 4, 701.
540. Cramer, Sibylle, 'Bodenlos sächsisch . . .' [vgl. 222].
541. Haase, Horst, 'Der Stoff zum Leben', in *Positionen 4. Wortmeldungen zur DDR-Literatur* (Halle; Leipzig, Mitteldeutscher Verlag, 1988), 169–78.
542. Hartmann, Rainer, 'Mit dem Pathos der Empörung' [vgl. 229].
543. Hg, 'Die referentielle Masche' [vgl. 230].
544. Howald, Stefan, 'Stoff zum Leben, trotz allem' [vgl. 231].
545. Jetschgo, Johannes, 'Gesänge der Verzweiflung – Sehnsucht als Über-lebensfaktor' [R zu *Der Stoff zum Leben 1–3*], *Salzburger Nachrichten*, 19.5.1990.
546. Koruhn-Greb, Petra, 'Nur zeigen – nichts sagen' [R zu *Der Stoff zum Leben 1–3*], *Westdeutsche Allgemeine Zeitung*, No. 162, 16.7.1990.
547. Mayer, Hans, 'Drittes Training des aufrechten Gangs. Nachwort', in [37], 103–8.
548. Schmidt-Dengler, Wendelin, 'Kein Jubelredner' [vgl. 233].
549. Schuhmann, Klaus, 'Volker Brauns Lyrik der siebziger und achtziger Jahre im Spiegel der Gedichtgruppe "Der Stoff zum Leben"', in *DDR-Lyrik im Kontext* [vgl. 488], 237–71.
550. Visser, Anthonya, 'Das Ordnen des "innersten Landes". Motto-Bezü-ge in Volker Brauns Zyklus "Der Stoff zum Leben" als eine Spezial-form von Intertextualität', in dies., *Blumen ins Eis. Lyrische und literatur-kritische Innovationen in der DDR. Zum kommunikativen Spannungsfeld ab Mitte der 60er Jahre* (Amsterdam; Atlanta, Rodopi, 1994 [=Amsterdamer Publikationen zur Sprache und Literatur; 107]), Kapitel III, 151–230 [identisch in Gerd Labroisse und Anthonya Visser, *Im Blick behalten: Lyrik der DDR* (Amsterdam; Atlanta, Rodopi, 1994 [=German Monitor; 32]), 153–227].
551. Vormweg, Heinrich, 'Hoffnung, die zur Folterbank wird' [R zu *Der Stoff zum Leben 1–3*], *SZ*, 31.5.1990, Literaturbeilage 45.
552. Wallmann, Jürgen P., 'Hellseherische Vorhersage' [R zu *Der Stoff zum Leben 1–3*], *Saarbrücker Zeitung*, No. 118, 22.5.1990, 17 [erweitert und leicht abgeändert auch als 'Fortgesetzt fromm im aufrechten Gang', *Die Welt*, No. 127, 2.6.1990, 22, 'Dialog mit der Tradition. Schreiben in der Hoffnung auf die Revolution', *Nürnberger Nachrichten*, 3.9.1990, 'Die Errungenschaften wurden ranzig', *Zeitwende*, 61 (1990), 187–8, und

'Absage an die Schönfärberei', *Der Tagesspiegel*, No. 13551, 22.4.1990, XV, *'Der Stoff zum Leben 1–3'*, *Stadtblatt Münster*, 10 (1990) 5, 70 sowie 'Aus der Mitte des Landes', *Deutschland Archiv*, 23 (1990) 5, 780–1].

Zu 'Das Eigentum' (1990)

553. Chiarloni, Anna, 'Zwischen gestern und morgen. DDR-Gedichte aus der Zeit des Mauerfalls' [vgl. 484].

554. Domdey, Horst, 'Volker Braun und die Sehnsucht nach der Großen Kommunion. Zum Demokratiekonzept der Reformsozialisten', *Deutschland Archiv*, 22 (1990) 11, 1771–4 [auch als 'Volker Braun et la nostalgie de la grande communion: du concept de démocratie chez les socialistes réformateurs', *Allemagne d'aujourd'hui. Revue française d'information sur les deux Allemagnes*, (1991) 116, 114–21].

555. Emmerich, Wolfgang, 'Status melancholicus. Zur Transformation der Utopie in der DDR-Literatur', in *Literatur in der DDR. Rückblicke* [vgl. 122], 232–45.

556. Emmerich, Wolfgang, 'Für eine andere Wahrnehmung der DDR-Literatur: Neue Kontexte, neue Paradigmen, ein neuer Kanon', in *Geist und Macht* [vgl. 146], 7–22.

557. Schlenstedt, Dieter, 'Ein Gedicht als Provokation', *NDL*, 40 (1992) 12, 124–32.

558. Tuk, Cornelis, 'Gedichte "zur Wende" in der Klasse', in *Literatur und politische Aktualität* [vgl. 143], 117–30.

559. Weiß, Christoph, '"Sei du, Gesang, mein freundlich Asyl!" Vorläufiger Versuch, die Lektüre von Volker Brauns "Das Eigentum" zu erschweren', in *Wir wissen ja nicht, was gilt*, hg. v. Reiner Marx und Christoph Weiß (St. Ingbert, 1993), 151–61.

560. Wirsing, Sibylle, 'Im Todesjahr', in *Frankfurter Anthologie: Gedichte und Interpretationen*, hg. v. Marcel Reich-Ranicki (Frankfurt/M, Insel, 1992 [Bd. 15]), 263–6.

Zu 'Marlboro is Red. Red is Marlboro' (1991)

561. Braun, Michael, 'Die Erde wird rot' [inkl. Gedichtabdruck], *Freitag*, No. 15, 9.4.1993, 12.

562. Herzinger, Richard, 'Die obskuren Inseln der kultivierten Gemeinschaft', *Die Zeit*, 4.6.1993.

Zu *Die Zickzackbrücke* (1992)

563. Berger, Christel, 'Die Furcht des Autors' [R, auch zu Bd. 8 der *Texte in zeitlicher Folge*], *Berliner Zeitung*, 5.8.1992, 19.

564. Böttiger, Helmut, 'Gebrochen, zerstückelt, versandet' [vgl. 455].

565. Haase, Horst, 'Die krassen Widersprüche der Welt' [R einer Lesung], *ND*, No. 77, 31.3.1992, 6.

566. Hartung, Harald, 'Der Feind im Spiegel'[R], *FAZ*, No. 79, 4.8.1992, 24.

567. Jarmatz, Klaus, 'Ideale ohne Namen' [vgl. 463].

568. Juhre, Arnim, 'Zorngesänge' [R], *Deutsches Allgemeines Sonntagsblatt*, No. 41, 9.10.1992, 27.

569. Neubert, Reiner, 'Die Risse unter den Tapeten' [R], *Freie Presse*, Chemnitz, 24.7.1992.

570. Stephan, Erika, 'Die Seele des Dichters liegt bloß' [R], *Thüringer Allgemeine*, 25.8.1992.
571. Vormweg, Heinrich, 'Das Elend im Rücken, hoffnungslos' [vgl. 451].

4. Vermischtes

572. Mudrich, Heinz, '"Was haben sie mit uns gemacht? Was machen wir?"' [R einer Lesung], *Saarbrücker Zeitung*, No. 240, 14.10.1993, 15.
573. Ross, Jan, 'Ein Nebelfeld. Volker Braun und Sascha Anderson denken nach', *FAZ*, No. 264, 13.11.1991, 35.
574. Schulze-Reimpell, Werner, 'Immer auf dem Posten. Eine Tagung über den DDR-Autor Volker Braun' [Münstereifeler Literaturgespräch], *Stuttgarter Zeitung*, No. 127, 5.6.1991, 29.
575. Wolf, Gerhard, 'Die selbst erlittene Geschichte mit dem Lob. Zur Verleihung des Heinrich-Mann-Preises 1990 an Elke Erb und Adolf Endler', *Mitteilungen der Akademie der Künste zu Berlin*, (1990) 5, 8–12, insb. 11.

Zum Bremer Literaturpreis
576. Altenburg, Matthias, 'Zu spät für die Moderne', *Vorwärts*, No. 5, 1.2.1986, 21.
577. J.D.K., 'Literaturpreis für Volker Braun', *Kölner Stadt-Anzeiger*, No. 23, 28.1.1986, 9.
578. *Verleihung der Bremer Literaturpreise 1986 an Volker Braun, Eva Schmidt: Laudationes und Dankesworte*, bearb. v. Wolfgang Schömel (Bremen, Rudolf-Alexander-Schröder-Stiftung, 1986).

Zum Berliner Literaturpreis (für *Bodenloser Satz*)
579. Ebel, Martin, 'Wettlesen ohne Stoppuhr, Bandmaß und Punktetabelle', *Badische Zeitung*, No. 127, 6.6.1989, 8.
580. Gwalter, Maja E., 'Berliner Preis-Ambitionen. Volker Braun gewinnt den erstmals verliehenen Berliner Literaturpreis', *NZZ*, No. 130, 9.6.1989, 51.
581. Hieber, Jochen, 'Ohne Maß. Der Berliner Literaturpreis', *FAZ*, No. 128, 6.6.1989, 31.
582. Schwilk, Heimo, 'Männlichkeitswahn und erlösende Weiblichkeit. DDR-Autor Volker Braun gewinnt den Berliner Preis für deutschsprachige Literatur', *Rheinischer Merkur/ Christ und Welt*, No. 23, 9.6.1989, 17–18.

Zum Schiller-Gedächtnis-Preis des Landes Baden-Württemberg 1992
583. Hametner, Michael, 'Der gepreiste Poet und seine Hoffnungen', *Leipziger Volkszeitung*, 12.11.1992.
584. Leistner, Bernd, 'Laudatio auf Volker Braun. Schiller-Gedächtnispreis 1992', *NDL*, 41 (1993) 1, 154–9.
585. Veil, Susanne, '"Hier ist nicht Moskau"', *Stuttgarter Zeitung*, No. 199, 28.8.1992, 23.

Index

Abusch, Alexander 107, 110
Adenauer, Konrad 104
Adorno, Theodor W. 56
Althusser, Louis 8
Arendt, Hannah 22
Aztecs 82

Bahro, Rudolf 26, 68, 80–2
Baierl, Helmut 114
Bakunin, Michael 71
Barlach, Ernst 109, 110
Becher, Johannes R. 47
Benjamin, Walter 25
Berliner Ensemble 19, 20
Biermann, Wolf 109, 120
Bloch, Ernst 22
Bohrer, Karl-Heinz 16
Braun, Volker
   . . . solang Gedächtnis haust 13
   'Allgemeine Erwartung' 36, 48
   'Anspruch' 36
   'Archiv' 3
   Berichte von Hinze und Kunze 38, 52
   Bodenloser Satz 26, 60–2
   'Das innerste Afrika' 36, 62
   Das ungezwungene Leben Kasts 57
   'Das Zentrum' 1
   Der Freizeitpark 52
   Der Hörsaal 41, 51
   'Der Präsident von Bratsk' 58
   Der Schlamm 21, 28, 51, 55, 57
   'Der Unsere' 36
   Der Wendehals 52
   Der Weststrand 6
   'Die Austern' 47
   Die Bühne 22, 51
   'Die Internationale' 61

Die Kipper 21, 52, 56, 57
Die Kur 52
Die Tribüne 51
Die Übergangsgesellschaft 24, 29, 53, 64
Die Verstellung 25
Dmitri 53
'Durchgearbeitete Landschaft' 59
'Gedankenkinder-Mord' 23
Gegen die symmetrische Welt 40, 47, 59
'Gespräch im Garten des Chefs' 59
'Große Zeiten' 58
Großer Frieden 59
Guevara oder Der Sonnenstaat 53, 68–86
Hinze-Kunze 35, 58
Hinze-Kunze-Roman 52
'Höhlengleichnis' 76, 83
'Ich Ali' 61
Iphigenie in Freiheit 26, 62, 63
'La Rampa, Habana' 27
Langsamer knirschender Morgen 40, 48, 59, 62
Leipziger Vorlesung 31, 32, 34
Lenins Tod 23, 39
'Literatur und Geschichtsbewußtsein' 42
London/ Berlin 43
'Machu Picchú' 81
'Material IV: Guevara' 21
'Material V: Burghammer' 60
'Material XI: Die Internationale' 61
'Material XIV: Antikensaal' 62
'Messe' 58
'Nach Lage der Dinge' 2

Provokateure oder: Die Schwäche meiner Arbeit 40
Provokation für mich 21, 40, 46
Rimbaud. Ein Psalm der Aktualität 50
Sachsen. Rußland. Sand 58
Schmitten 52, 59
'Sicht auf eine neue Gattung' 37
'Siegfried 1984' 62
Siegfried Frauenprotokolle Deutscher Furor 53
Simplex Deutsch 53
Stoff zum Leben 48, 61
'Tagtraum' 27
Texte in zeitlicher Folge 56
Tinka 52
Training des aufrechten Gangs 48, 81
Transit Europa 22, 62, 63
Über die Bauweise neuer Stücke 35, 52
Unvollendete Geschichte 24, 40, 51, 58, 89, 90, 95, 107, 108, 114–17, 119–21
Wir und nicht sie 22, 40, 46, 58
Brecht, Bertolt 13, 15, 28, 46, 58, 63, 79, 96, 100, 103
Bredel, Willi 109
Büchner, Georg 51, 69, 95, 98, 115

Cade, Jack 14, 16
Campanella, Thomas 78, 79
capitalism 14, 26, 27, 33, 38, 60–2, 69, 70, 80, 86, 91, 94, 95, 100
Castro, Fidel 84
Chaostheorie 55
Club of Rome 55
Cold War 90, 92, 104
communism 39, 25, 51, 68, 69, 80, 82, 83, 86, 99, 101, 104
Cosentino, Christine 75

Cremer, Fritz 109, 117
Cuba 68, 70, 71, 75, 78, 85, 86

Debray, Régis 69, 70, 75, 79, 84–6
Dessau, Paul 37, 43, 109
Deutsches Theater 19
Dialektik der Aufklärung 26, 56
Diderot, Denis 52
Division of Germany 90, 104
Dutschke, Rudi 70

Eisler, Hanns 110
Eissler, Kurt R. 14
11th Plenum of the SED's ZK 111
Eliot, T. S. 49
Engels, Friedrich 33, 80, 81
Enzensberger, Hans Magnus 22, 25, 57, 69

Fanon, Frantz 84
'Faustus Debate' 110
Fischer, Ernst 110
'foco' 69–74, 79, 85, 86
Fühmann, Franz 108, 115–18, 120

GDR
  'accommodation problems' 92, 94, 100
  'economic weakness' 94
  'environment' 92, 93
Girnus, Wilhelm 107–21
'Global village' 55
Goethe, Johann Wolfgang von 13, 15, 23, 40, 109
Goldstücker 17
Gotsche, Otto 107, 113
Guevara, Ernesto 'Che' 68, 70, 71, 75, 83, 85

Habermas, Jürgen 26
Hacks, Peter 114
Hager, Kurt 111, 113, 115

Hegel, Georg Wilhelm Friedrich
    15, 31
Hein, Christoph 55
Henninger, Gerhard 119
Henrichs, Benjamin 13
Hermlin, Stephan 114, 115
Herzfelde, Wieland 109
Hochhut, Rolf 14
Hoffmann, Hans Joachim 115–19
Hölderlin, Friedrich 47, 60, 75–7
Honecker, Erich 107, 112, 120
Höpcke, Klaus 119
Horkheimer, Max 56
Huchel, Peter 109–11
Humboldt, Alexander von 79

Ihering, Herbert 109
imperialism 78, 91
Incas 79–82

Jahnn, Hans Henny 56
John, Otto 110
Jünger, Ernst 43

Kafka, Franz 1
Kant, Hermann 114
Koerner, Charlotte 90
Kurella, Alfred 107, 109, 111,
    117

Lenin 39, 61, 113
Luxemburg, Rosa 16

Mahler, Horst 71
Majakowski, Vladimir 46
Man, Paul de 23
Mao Tse Tung 61
Marcuse, Herbert 69, 70
Marx, Karl 32, 33, 35, 38, 61,
    69–70, 80, 94
Matt, Peter von 28
Maurer, Georg 43, 49, 50
Mayer, Hans 43, 109
McLuhan, Marshall 55
Millet, François 12

Montaigne, Michel de 13
Müller, Heiner 14, 25, 43, 53, 61,
    112

Nagel, Otto 109
Neruda, Pablo 46
Neue Deutsche Literatur 114
Neues Forum 99
'New Left' 68, 69
Nietzsche, Friedrich 43

Ökologie 61

Plato 77, 78, 82
Plenzdorf, Ulrich 107, 108
'Political correctness' 22, 55
Prague Spring 23, 112

Radikaldemokratie 29
Ragwitz, Ursula 103, 119, 120
Rote Armee Fraktion (RAF) 68,
    70, 71
Rücker, Günther 114, 115

Safranski, Rüdiger 15
Sartre, Jean-Paul 8, 84
Schiller, Friedrich 42
Scholz, Rupert 24
SDS (Sozialistischer Deutscher
    Studentenbund) 70
SED (Sozialistische Einheitspartei
    Deutschlands) 19, 89, 95, 104,
    107–11, 121
Seghers, Anna 115
Shakespeare, William 13–18
Sinn und Form 20, 107–21
socialism 14, 27, 31, 35, 39, 49,
    68, 78, 80–2, 86, 90, 94–5,
    98–102, 104, 107, 111–12, 117,
    121
    authoritarian 81
    democratic 32, 95, 98, 99,
        104
    'real existierender' 14, 27, 68,
        80–2, 104

Sonntag 115
Stalin, Iosif Vissarionovich 24, 39, 147
Stasi 19, 89, 92–4, 104, 108
Student movement 68, 70

'Third way' 83
Trotzki, Lev Davydovich 23, 130
Tschernobyl 60, 62
Tschesno-Hell, Michael 117–19

Uhse, Bodo 109
Ulbricht, Walter 104, 107, 113
Utopia 8, 14, 28, 30, 50, 57, 63, 78, 80, 82, 99

Virilio, Paul 11
Visser, Anthonya 49

Wallraff, Günter 61
Weigel, Helene 19, 109
Weimann, Robert 14
Weiss, Peter 32
Whitmann, Walt 46
Wilson, Robert 5
Winzer, Otto 112
Wolf, Christa 113, 120
Wolf, Konrad 112, 115, 117, 120

Zeißler, Armin 111, 113, 120
Zivilisationskritik 32, 55, 56, 61